SHODENSHA
SHINSHO

港の日本史

吉田秀樹＋歴史とみなと研究会

祥伝社新書

復元された北前船（千石船）。江戸時代、蝦夷地と大坂を結ぶ西廻り航路を進んだ。佐渡国小木民俗博物館にて著者撮影（第４章を参照）。

はじめに――人と物の結節点《けっせつてん》であり続ける「みなと」

「明治150年」に湧《わ》く2018（平成30）年の日本。言うまでもなく明治維新は日本の政治・経済・社会制度を大きく変えた。だが、そこに「港」の存在を見る人は少ない。

　1868年1月1日（慶応《けいおう》3年12月7日）に開港した神戸《こうべ》港は、2018年1月1日に開港150年を迎えた。1859（安政《あんせい》6）年7月1日に開港した箱館《はこだて》（函館）港、長崎《ながさき》港、横浜《よこはま》港に続いたかっこうだ。そして、神戸港から1年遅れて、1869（明治2）年1月1日、新潟《にいがた》港が開港した。

　これらの港は「開港5港」と呼ばれ、1858（安政5）年の「日米修好通商条約」をはじめとする「安政の五カ国条約」により貿易を前提として開港場となった。

　これは、1853（嘉永《かえい》6）年の横須賀《よこすか》・浦賀《うらが》へのペリー来航、1854（嘉永7）年の「日米和親条約」から続く出来事である。

　開港5港とは別に、フランスの技術指導のもと、横須賀において江戸幕府幕臣の小栗忠《おぐりただ》順《まさ》により横須賀製鉄所建設が始まり、1871（明治4）年には日本最古かつ現役の西洋石積みドライドック（現在は米軍基地内で現役稼働）が完成する。日本の近代化は、185

3年の浦賀へのペリー来航と久里浜《くりはま》上陸、さらには、開港5港、横須賀製鉄所建設から始まったといえるだろう。

開港5港、横須賀製鉄所からもわかるとおり、幕末以降の日本の近代化において、港の果たす役割は大きい。幕末以降の港は、それまでの日本沿岸、河口や河川内の木造船が対象の「みなと」と異なり、西洋船舶《せんぱく》が入港可能な、水深の深い港、波が穏《おだ》やかな港が必要となったため、そこから近代港湾《こうわん》がつくられたのだ。さらに、第二次世界大戦後の独自の開発方式である臨海工業地帯とセットになった港湾開発によって、日本の発展に貢献してきた。

昭和40年代からは、コンテナ化という物流・荷役《にやく》の大革新により港の様相も大きく変化する。その変遷のなかで港は、日本人から近づきがたいものとなっていった。

もちろん、「みなと」が果たした役割は幕末以降に限ったことではなく、それ以前においても非常に大きい。内燃機関のない時代、輸送・移動の手段は自然の力、すなわち風・水の流れを利用することが合理的であり、それが船（舟）による沿岸海運・内陸水運だった。そこで船の寄港地《きこう》が、人と物流の拠点として「みなと」となったのである。つまり、「みなと」から「まち」が発展していったのだ。

とくに江戸時代から明治時代にかけては、沿岸海運としての北前船《きたまえぶね》が全盛であり、大坂から蝦夷地《えぞち》（現在の北海道）に至る西廻《まわ》り航路沿いの諸港が発展した。瀬戸内では大坂、兵庫《ひょうご》、鞆《とも》の浦《うら》、下関《しものせき》など、日本海側では三国《みくに》、伏木《ふしき》、宿根木《しゅくねぎ》、新潟、酒田《さかた》、土崎《つちざき》、深浦《ふかうら》、江差《えさし》、箱館、松前《まつまえ》と具体的な「みなと」を挙げればきりがない。

もうひとつ、本書で重要なテーマと位置づけているのが内陸水運である。

内陸水運は、世界的にはまだまだ重要な交通手段であるが、日本ではどうだろうか。鉄道、自動車の発達した現在の日本において内陸水運は、琵琶《びわ》湖や大河川の一部の河口部を除いてほとんどない。歴史的にみれば、内燃機関のない時代、場所によっては昭和の途中まで盛んだった。全国各地に、遺構や地名として内陸水運の痕跡が残る「みなとまち」がたくさんある。それもそのはずで、内陸水運が盛んになる中世以降は、人と物の輸送の結《けっ》節点《せってん》である場所に「みなと」や在郷町が河川沿いに発達し、定期市が開かれた。じつは現在でも、新潟県や秋田県などでは六斎市《ろくさいいち》などの定期市が多数開かれている。

そして、港や船と聞くと、異国・外国のことを思い浮かべるだろう。飛行機が出現するまでは、異国・外国との交流手段は船しかなく、外国との交流の拠点も「みなと」だったのだ。

このように港は、鉄道や自動車、そして飛行機の出現以前は、国内外の人の移動の拠点だった。しかし離島や特定の地域を除き、その「移動の拠点」としての役割が忘れ去られていった。

そうしたなか、平成の世になり、港に一般の人も近づけるようにと、ウォーターフロントとしての再開発が活発化してきた。現在では、大型クルーズ船で日本を訪れる外国人観光客が急増するなど、港がふたたび人の移動の結節点として脚光を浴びている。

以上からもわかるとおり、日本の社会・経済で果たす「みなと」の役割は、この国の歴史を通じて非常に重要であり、社会・経済状況の変化に柔軟に対応してきたのである。現在の「みなと」が、過去の「みなと」を参考にすべき点は多いだろう。だからこそ、「みなと」と日本の歴史との関わりについて、本書は見つめ直している。

私は港に関わる仕事に長く従事し、気がつけば50歳代も後半を迎えた。日ごろの業務や「みなとまち」の観光、関連書籍の読書などを通じて、港と日本の歴史について触れることもたびたびあったが、あくまで断片的で系統立ったまとめをしていない。今回、日本史にくわしい「歴史とみなと研究会」の面々と協力し、本書で日本史を通しての「みなと」

が果たした役割にアプローチしてみた。

全体構成としては、第1章で港と日本の歴史が深い関係であることを概説し、第2章から第6章では、日本の歴史の流れに沿って、テーマごとに港と日本史との関係を紹介する。

前述したように、私は港に関わる仕事を長くしてきている。業務上、全国の「みなとまち」に居住したこともある。それぞれの土地の歴史、文化、近代化遺産に興味を持ち、全国の「みなとまち」を歩いた。本書で紹介する日本史と関係の深い「みなとまち」については、ほとんど訪れたことがある。

そこで感じたのは、現在の「みなとまち」でも、近代以前の歴史・文化を引き継ぎつつ「現在」がつくられているということである。新潟、下関、三国などは今も近世以前の歴史と文化が感じられ、神戸、函館、長崎などは現在と過去、両者の歴史・文化が混在している。一方で横浜、北九州、横須賀などは近代に発展した港であり、ハイカラ・異国情緒が前面に出た「みなとまち」である。それぞれの「みなとまち」には、それぞれが現在まで背負ってきた時間の蓄積があり、日本の歴史の縮図でもある。

たとえば、私は横須賀に住んでいるが、横須賀の歴史は港の歴史そのものである。幕末の製鉄所・造船所、戦前の海軍、戦後の海上自衛隊・米軍・製造業の歴史があり、港に関係する文化として、「ソフトフランスパン」「どぶ板通り」「立ち飲み文化」がある。

本書の書名でもある「港の日本史」を考える場合、結果として重要となる要素のひとつは景観である。とくに「みなと」の発展過程と非常に関係あるのが、私がライフワークとしている「海と船が見える坂道」である。「みなとまち」といえば坂道だ。長崎、函館、尾道《おのみち》などは坂の町として有名である。なぜ、坂道が港の発展の歴史と非常に重要な関係を持ち、私が「海と船が見える坂道」をライフワークにしているのかについては、本文で詳しく述べたい。海と船が見える坂道からは、開放的な「海」と動的な「船」が望《のぞ》め、きわめて魅力的な景観を見せてくれる。おすすめの場所を本書でいくつかご紹介する。

また、「みなと」の文化・景観については、一般財団法人みなと総合研究財団（みなと総研）のウェブサイトに「みなとまちの〝民俗学〟」という投稿サイトがあるので是非アクセスしていただきたい。

本書が読者の「みなとまち」探訪のガイドとなれば幸いである。

2018年2月

吉田秀樹《よしだひでき》

目次

4章 江戸の物流ネットワーク

5章 明治150年と近代の港湾

6章 激動の世紀を生きる港

歴史とみなと研究会／村中崇　佐藤賢二　奈落一騎
編集協力／造事務所

1章　「港」でわかる日本の700年史

縄文時代、すでに船着き場があった

四方を海に囲まれた日本では、古来、陸運より海運が交通網の大きな位置を占めてきた。内陸部は山地や森林が多く、ヨーロッパ各地に見られるような舗装された大規模な街道も、馬車を利用した輸送網も近代まで普及しなかった。

その反面、河川を利用した水運が発達し、遠隔地間の輸送にも海路が多用され、外国との交流には必然的に海路が使われた。こうした人や物の輸送の拠点は外国の文明の受け入れ窓口にもなり、人が集まることによって、多数の港湾都市が発展した。

そんな日本で「みなと」の利用はいつから始まったのだろうか。国の特別史跡となっている青森県青森市の「三内丸山遺跡《さんないまるやま》」では、約5500年前から4000年前の縄文土器や石器のほか、他地域から運ばれてきたヒスイや黒曜石《こくようせき》などが出土している。これらは、縄文時代にはすでに海運があった証拠であり、すなわち船着き場のような場所があっただろう。また、大阪府泉南《せんなん》市の天神《てんじん》の森公園には、船着き場として『日本書紀』に登場する「雄水門《おのみなと》」（『古事記』では「男水門」と表記され、和歌山県の水門吹上《みなとふきあげ》神社に比定）があったとされ、顕彰碑が立っている。さらに、5世紀に編纂《へんさん》された『後漢書』の「東夷伝《とういでん》（魏志倭人伝《ぎしわじんでん》）」には、壱岐島《いきのしま》にある原《はる》の辻《つじ》遺跡の船着き場についての記述がある。

5〜7世紀には、九州北部の博多津《はかたのつ》、畿内の難波津《なにわのつ》や務古水門《むこのみなと》（武庫水門）などが次第に整備され、遣唐使や遣新羅《しらぎ》使に活用された。九州と畿内を結ぶ海上の回廊ともいえる瀬戸内海には、明石浦《あかしのうら》や長門浦《ながとのうら》など、多くの港町が築かれている。

奈良時代に中央集権的な律令《りつりょう》制が確立されると、都から地方への官僚の派遣、地方から都への貢納・物資の輸送のため、海陸の交通網が整備された。当時、朝廷の支配領域は西日本を中心としており、陸路では畿内と九州を結ぶ山陽道、海路では瀬戸内海が大動脈となる。重量貨物である米の大量輸送は陸路より海路のほうが有利だった。

日本海側では、加賀《かが》（現在の石川県南部）の比楽湊《ひらかのみなと》、越後《えちご》（現在の新潟県）の蒲原津《かんばらのつ》など北陸地方の各地から越前《えちぜん》（現在の福井県北部）の敦賀津《つるがのつ》に米が集積されたのち、陸路などで畿内の都へ運ばれている。海路の要衝《ようしょう》には国府津《こうづ》という国府の港が置かれた。神奈川県小田原《おだわら》市の国府津町は、当時の相模《さがみ》（現在のおもに神奈川県）の国府の港がそのまま地名として残ったケースだ。

中世になると、宋《そう》や明《みん》など中国王朝との民間貿易が拡大し、平清盛《たいらのきよもり》が開発した大輪田泊《おおわだのとまり》（のちの兵庫津《ひょうごのつ》）や、九州の博多津が国際港として発達する。戦国時代後期にはポルトガルやイスパニア（スペイン）の商人も来航するようになり、貿易港としての揺るぎない地位を誇っていた堺《さかい》では、会合衆《えごうしゅう》と呼ばれる商人たちによる自治的な都市運営が行なわれた。港の発展が、都市の建設や運営にまで大きく影響を及ぼしたのだ。

16〜17世紀の日本の港湾の発展は、大航海時代にあった世界の動きと連携していたが、江戸幕府の支配が安定すると外国貿易は制限され、長崎の出島《でじま》での対オランダ貿易、対馬《つしま》経由の朝鮮貿易、琉球《りゅうきゅう》（現在の沖縄県）経由の対清《しん》貿易と、窓口は極端に縮小する。

一方で、江戸時代を通じて米や商品作物の国内輸送網が大きく成長する。江戸と大坂を結ぶ南航路を中心にしつつ、越後・出羽《でわ》方面から津軽《つがる》海峡を経《へ》て江戸に至る「東廻り航路」、日本海から下関を経て大坂に向かう「西廻り航路」が開拓される。中世まで日本の物流網は都のある畿内から九州にかけての西日本が主流だったが、この航路開拓による江戸への輸送の拡大にともない、浦賀、三崎《みさき》、下田《しもだ》、銚子《ちょうし》など関東でも諸港が発達した。

明治維新後は、外国との貿易と殖産興業のため、横浜港、神戸港、函館港などの開発が進められ、多くの外国人も居留した横浜や神戸は、外国文化の窓口にもなる。

「港」「水門」「湊」――多種多様な「みなと」の呼称と種類

「みなと」の呼称や文献上での記述は、古代から現代まで時代とともに変化してきた。定義があるわけではないが、漢字の成り立ちなどから紹介していきたい。

現在では一般的に「みなと」を「港」と記す。これは、水を意味する「さんずい」と「道の分かれ目・人が集まる場所・町中」を意味する「巷」の会意文字だ。古代には、現在の神戸港の位置にあった務古水門（武庫水門）など、「水門」という語も多用された。これは「みなと」の多くは河川の河口に築かれたが、海からの河口は門戸のような形をしているためだといわれる。茨城県の「水戸《みと》」は那珂《なか》川の河港に由来する地名で、水運の戸口とする「みなと」に由来している。

このほか、古来の日本の地名では、「津《つ》」「浦《うら》」「泊《とまり》」といった語も「みなと」を意味した。「津」は水と「進む」ことを意味する「聿」の会意文字である。「浦」は入江《いりえ》や、河口部で海が陸地に入り込んだ場所をさす。また、古代においては「津」は船が碇泊《ていはく》する場所、「浦」は風待ちの場所と区分されていたともいう。「泊」の字の「白」は「迫る」という意味であり、水辺にぴったり近づく場所となる。

「港」の字が広く使われるようになったのは、幕末から明治期に近代的な港がつくられるようになって以降のことだ。江戸時代ではおもに「湊《みなと》」の字が用いられていた。「さんずい」と「事柄が進行して結果がまとまる」という意味の「奏」の会意文字であり、水とともに船や荷が集まってくる場所といえる。

なお、英語では港をさす語に「ポート（port）」と、「ハーバー（harbour）」がある。「ポート」は商港、貿易港、港湾都市という意味を持つのに対し、「ハーバー」は避難港、潜伏地という意味がある。つまり、ポートは港湾のみならず商業地域を含む概念だが、ハーバーは船を主体とする船着き場のイメージに近いようだ。

日本の港湾は、単なる船着き場から、船舶が安全に停泊できる港湾、すなわちポートへと発展してきた。ちなみに港湾の設備としては、まず外海からの波浪を防ぎ、港内を静穏に保つ「防波堤」がある。外海からの波を遮《さえぎ》り荷物を上げ下ろしする場所は「波止場《はとば》」と呼ばれてきたが、現在は「岸壁」と呼び、荷さばき地や倉庫なども含めて「ターミナル」や「埠頭《ふとう》」となる。

「みなと」は立地と用途によって分類される

次に、「みなと」の分類について紹介しよう。法律（港湾法）上は、表に示すように役割・重要性などにより、「国際戦略港湾」「国際拠点港湾」「重要港湾」「地方港湾」に分類され、56条港湾61港を除くと、全国に933港ある。ここでは立地と用途の面から考えて

日本の港湾数（2017年4月1日時点）

区分	総数	港湾名とその所在
国際戦略港湾	5	東京港（東京都） 横浜港（神奈川県） 川崎港（神奈川県） 大阪港（大阪府） 神戸港（兵庫県）
国際拠点港湾	18	室蘭港（北海道） 苫小牧港（北海道） 仙台塩釜港（宮城県） 千葉港（千葉県） 新潟港（新潟県） 伏木富山港（富山県） 清水港（静岡県） 名古屋港（愛知県） 四日市港（三重県） 堺泉北港（大阪府） 姫路港（兵庫県） 和歌山下津港（和歌山県） 水島港（岡山県） 広島港（広島県） 下関港（山口県） 徳山下松港（山口県） 北九州港（福岡県） 博多港（福岡県）
重要港湾	102	全国各地に点在する
地方港湾 ※35の避難港を含む	808	全国各地に点在する

日本には計933港が存在する（「56条港湾」の61港を除く）。

国土交通省港湾局総務課の資料を元に作成

いきたい。

「みなと」が築かれたのは、船が安全に出入りでき、安全な停泊が約束される場所だった。古くは島や岬といった天然の地形が「みなと」として活用されている。良港の条件としては、船が接岸するのに十分な水深があること、外海からの波や風の影響を受けにくいことなどが挙げられる。大きな河川の河口も、海から運ばれてきた人や物を、さらに川舟によって内陸に運び込むのに有利だった。

港の立地・地勢上からの区分としては、「海港」と「沿岸港」のほか、「河口港」や「河川港」、「湖港」などがある。河口港は、最上川《もがみ》の河口にある山形県の酒田港、信濃川《しなの》・阿賀野川《あがの》の河口の新潟港など、河川の河口に立地した港だ。湖港では霞ヶ浦《かすみうら》に面した茨城県の土浦港《つちうら》、琵琶湖に面した滋賀県の大津港《おおつ》が有名だが、小規模なものが多い。海港・沿岸港については、全国の近代港湾や掘り込み港湾（海岸の陸地を掘り込んで造成した人工の港）の鹿島港《かしま》などがある。

現代では、港を利用する船舶の輸送目的や種類により、「商港」「工業港」「漁港」などと呼ばれることもある。商港は、横浜港や神戸港など、旅客や国内外の流通物資を取り扱う港だ。工業港は、製鉄所と結びついた北九州港など、工業原料や燃料、製品を取り扱う。漁港には漁獲に使われる漁港と、静岡県の焼津港《やいづ》など魚介の流通や加工までを取り扱う大規模な漁港とがある。

ほかにも、人やトラックなどを運ぶことで地球温暖化防止に役立てようと、フェリーの発着する「フェリー港」があり、全国、とくに瀬戸内海などで就航している。観光地では、ヨットなどが係留する「マリーナ」があり、最近では国内外の大型クルーズ船が寄港する港も増えている。また、あまり知られていないが、台風時などに船舶が避難するための「避難港」もある。しかし、これらはあくまで港の用途からみた性格であり、ほとんどの港は、商港・工業港など多様な機能をもつ総合的な港湾である。

港によって形成された日本の文化

港から生まれた文化も幅広い。みなと総合研究財団の「みなと文化研究事業」では、形成過程から大まかに5種類に分けている。

第一は、船を用いた交易・交流活動によって運び伝えられ育ってきた芸能や行事、食などだ。たとえば、長崎の「くんち祭」には中国やポルトガル、スペインとの貿易の影響が大きい。

第二は、交易による流通市場の形成から生まれた文化だ。中世、各地で月に6回開催され、現在も新潟県で盛んな定期市の「六斎市」などがある。

第三は、商業港や漁港などの地場《じば》産業から生まれた文化だ。兵庫県の灘《なだ》では江戸との航路の発達で酒造業が栄えた。

第四に、港を介した経済力に基づく人々の生活から育《はぐく》まれた文化がある。北前船の交易によってもたらされた上方《かみがた》文化は全国各地でみられる。

第五は、港を中心とする社会的・経済的営《いとな》みの総体として形成された文化だ。例を挙げれば、船番所や石垣など江戸時代の姿をとどめる広島県福山《ふくやま》市の鞆の浦。こうした港によって生み出された歴史的施設や街並みの風景は数多い。

本書では、以上に述べてきたような要素を視野に入れ、古代からの日本と海外文化の関係、港を中心に発達した諸都市と経済・産業など、「みなと」を媒介に日本史を読み解いていきたい。これは、アジアの中の日本、世界の中の日本という、グローバルな視点での日本史の読み方にもなるだろう。

2章　政治権力とともに栄えた港

難波津《なにわつ》――ヤマト王権と東アジアの交流窓口

「なにわ」の語源は神武《じんむ》天皇の東征!?

私は福井県の生まれであり、大阪は何度も訪れたことがある。よく南海《なんかい》電鉄に乗り、ターミナルである難波《なんば》駅(駅名表示は「なんば」)に降りたものだ。駅名に代表されるように、「難波」の名は現在でも使われている。ただし、ここで紹介する港の呼称は「難波津《なにわ》」である。

大阪の別名である「なにわ」は「難波」「浪速」「浪花」などと表記される。「波」や「浪」からわかるように、大阪は古くから水と縁の深い土地であった。

7000~6000年前の縄文時代の大阪には、河内《かわち》湾という大きな入江があり、北の高槻《たかつき》、南の八尾《やお》、東の生駒《いこま》山地に囲まれた一帯は海の底であった。湾の西側では上町《うえまち》台地が半島のように突き出し、古代の大阪湾と河内湾を隔《へだ》てていた。本来、「なにわ」とは、この半島一帯をさす地名である。

「なにわ」の由来についてはこんな伝説がある。『古事記』や『日本書紀』に記される神《じん》

古代の難波津はどこにあったのか

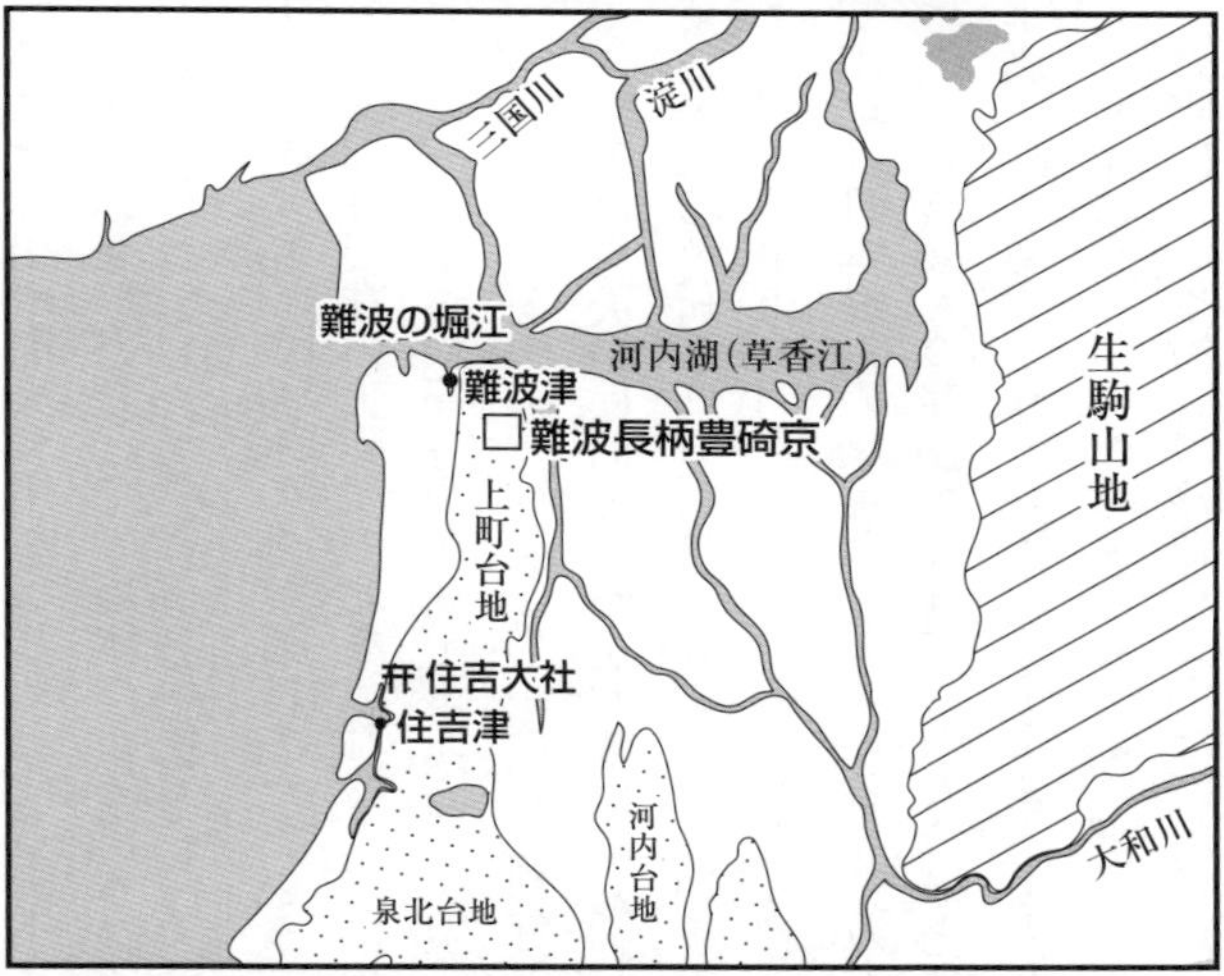

日下雅義氏の高麗橋説が難波津の位置として有力とされている。

日下雅義著『古代景観の復元』（中央公論者）口絵の図を参考に作成

武《む》東征において、神武天皇の軍勢は「難波《なにわ》の碕《みさき》」を経て、河内（現在の大阪府東部）草香邑《くさかのむら》の白肩《しらかたの》津に上陸し、大和《やまと》（現在の奈良県）に入った。この難波の碕の潮流が非常に速かったことから、神武天皇は付近一帯を「浪速国《なみはやのくに》」と名づけ、それがなまって「なにわ」になったという。

古代からの物流の要衝《ようしょう》

やがて時代とともに海域の陸地化が進み、3世紀までに上町台地は対岸とほぼつながった。河内湾は河内湖となったのである。この河内湖には淀川《よどがわ》や旧大和川をはじめとする大小さまざまな河川が注《そそ》いでいたが、湾への出口を砂州《さす》がふさいだことで、増水による洪水被害を沿岸にもたらしていた。

『日本書紀』によれば、ときの仁徳《にんとく》天皇は上町台地の砂州を掘削し、「難波の堀江《ほりえ》」と呼ばれる運河を拓《ひら》いて湖水の逃げ道にしたという。この掘削は伝説などではなく実際に行なわれ、運河は現在の大阪城の北を流れる大川《おおかわ》に相当するとみられている。

さらに『日本書紀』は、仁徳天皇が淀川沿岸に築いたという堤防についても記している。いわゆる「茨田堤《まんだのつつみ》」である。築堤《ちくてい》の過程で生じた2カ所の切れ目をふさぐことができず仁徳天皇を大いに悩ませたが、夢に現われた神のお告げどおりに2人の人夫を人柱《ひとばしら》にすると、2カ所の切れ目はふさがったという。人柱の真偽はともかく、この築堤も史実とされ、寝屋川《ねやがわ》市や門真《かどま》市には茨田堤とみられる遺構が残っている。

茨田堤は日本最古の築堤とされている。それをなし得た背景には、大陸の先進技術を日本に伝えた渡来人の存在がある。渡来人の帰化は3世紀ごろから始まり、当時の中国や朝鮮半島で起こった争乱から逃れた人々や、半島に出兵したヤマト王権軍の捕虜となった人々が日本に定住したと考えられている。

この際に人々や物資の移動を支えたのが、難波津である。その位置は特定されていないが、現在の大阪市中央区、高麗橋《こうらい》付近にあったとする説が有力だ。ここは難波の堀江の中央部にあたり、難波津の築港は仁徳天皇よりもあとの時代に始まったとみるのが妥当であろう。

瀬戸内海に面し、また淀川や旧大和川などを通じて畿内中央部につながる難波津は交通や物流の要衝であり、上町台地北部の法円坂《ほうえんざか》からは5世紀後半のものと思われる高床倉庫16棟が見つかっている。一般的な高床倉庫の床面積は10〜25平方メートルだが、この法円坂の倉庫群は1棟あたり90平方メートルにもおよぶ。これは大和にあったヤマト王権が難波一帯も支配していたことの証左といえるだろう。

使者を送り、迎えた国際港

大和の飛鳥《あすか》に都を置いていた朝廷は、第36代・孝徳《こうとく》天皇の治世下である645（大化《たいか》元）年、上町台地に築かれた難波長柄豊碕京《なにわのながらのとよさきのみや》（前期難波宮）へ遷都する。これは同年の「乙巳《いっし》の変」を端緒とする政治改革「大化の改新」の一環である。天皇を中心とする新たな政治体制のスタート地点として難波が選ばれたのは、難波津がすでに国内有数の国際港であったからにほかならない。

当時の遣隋使船や遣唐使船は、住吉大社《すみよし》で航海の安全を祈願したのち住吉津《すみよしのつ》を出港。難波津で使節を乗せ、同じく国際港であった那津《なのつ》(現在の博多付近)を経て大陸へと向かった。帰国の船には、中国王朝や百済《くだら》の使者が乗船し、難波の地を踏んだ。前述の高麗橋は江戸時代に架けられた橋だが、その名称は橋の東にあったとされる古代の迎賓館《げいひんかん》(朝鮮半島からの国司をもてなす施設)に由来する説がある。当時の難波は多くの異邦人が行き交う国際都市だったのである。

遣隋使と遣唐使が日本に持ち帰ったものは、仏教の経典や薬、楽器など多々あるが、もっとも重要なものは国の統治制度そのものであろう。朝廷は701(大宝元《たいほう》)年に唐を参考にした「大宝律令」を制定。「律」(刑法)と「令」(おもに行政法)の双方を敷《し》くことで、朝廷を中心とする中央集権化が促進するのである。なお、のちの平城京と平安京は唐の都である長安《ちょうあん》をモデルに築かれている。

廃《すた》れた原因は土砂の堆積

長く日本の中心都市になるかと思われた難波だが、首都としての歴史は短い。遷都からわずか2年後の655(斉明天皇《さいめい》元)年、朝廷はふたたび飛鳥へ都(飛鳥板蓋宮《あすかのいたぶきのみや》・飛鳥川原《かわらの》宮《みや》）を移した。これは孝徳天皇の崩御《ほうぎょ》にともなう遷都である。ただし、難波宮が廃されたわけではなく、飛鳥宮の副都として運用された。

その後、難波宮は686（白雉《はくち》15）年の火災で宮殿を焼失。726（神亀《じんき》3）年には聖武《しょうむ》天皇によって再建され、当時の都である平城京の副都となった。朝廷はその後も天変地異が起こるたびに遷都をくり返し、平城京、恭仁《くに》京、紫香楽《しがらき》宮、難波京（後期難波宮）、長岡《ながおか》京を経て、桓武《かんむ》天皇が築いた平安京が長く日本の都となる。

朝廷が難波を離れた理由としては、難波津の機能不全が挙げられる。淀川水系と旧大和川水系の河川は、河内湖で合流して瀬戸内海へと注ぐ。その出入口に位置する難波津は土砂の堆積が速く、当時の日本の技術では浚渫《しゅんせつ》（水底の土砂の掘削）が追いつかなかったとみられている。ただでさえ付近の海域は水深の浅いラグーン（潟湖《せきこ》）である。少なくとも大型船の入港は不可能だったとみていいだろう。

この事態に朝廷は、淀川の北を流れる三国川《みくに》（現在の神崎川《かんざき》）と淀川を新たな堀で結び、三国川の河口付近には僧侶の行基《ぎょうき》によって河尻泊《かわじりのとまり》が開かれた。これにより平安京から瀬戸内海まで船で出られるようになり、難波津は都の港湾施設としての役目を終えるのである。

無論、難波そのものの繁栄が途絶えたわけではなく、四天王寺《してんのうじ》や住吉大社などがある上町台地は多くの参詣者でにぎわっていた。難波津の南では、やはり難波宮の主要港であった渡辺津《わたなべのつ》が発達する。おもに西日本からの旅行客は渡辺津から上陸して寺社に参詣したという。今でも上町台地の西側、天王寺《てんのうじ》から谷町《たにまち》にかけては多くの坂道が残っており、当時は坂道から海や往来する船がよく見えたことであろう。

中世以降は渡辺津が難波津の役割を引き継ぎ、瀬戸内海と内陸を結ぶ物流の中継地点として飛躍する。加えて渡辺津の特色としては、軍港でもあったことが挙げられる。この地では「渡辺党《わたなべ》」と呼ばれる武士団が生まれ、源平合戦における「屋島《やしま》の戦い」で、源義経《みなもとのよしつね》が水軍を有する渡辺党の協力を得て、渡辺津から四国に渡っている。

平時の渡辺党は海運業に携《たずさ》わり、時代とともに全国へ散った。これが現代の日本に渡辺姓が多いことの理由のひとつとなっている。ちなみに、渡辺党の祖先は、酒呑童子《しゆてんどうじ》討伐の伝説で名高い源頼光《よりみつ》四天王のひとり、渡辺綱《つな》である。

豊臣秀吉《とよとみひでよし》によって形づくられた「水の都」

陸地に目を移すと、かつて難波宮が置かれていた上町台地には、1533(天文《てんぶん》2)年より本願寺《ほんがんじ》教団が本山を構えた。本願寺が織田信長《おだのぶなが》に敗れて大坂を退去したのちに築かれたのが、豊臣秀吉《とよとみひでよし》の大坂城である。なお、文献上の「大坂」の初出は、15世紀の本願寺門主《もんしゅ》・蓮如《れんにょ》が信徒に宛てた文書とされている。したがって以降は難波を「大坂」と呼ぶこととする。

大坂城の建造は1583（天正《てんしょう》11）年より始まる。秀吉が大坂を政権の在所に選んだのは、この地が交通の便に優れていたからにほかならない。とくにこの時代は、気候の乾燥化にともない陸路が発達し、大坂から奈良、堺、兵庫など各主要都市へとつながる道が延《の》びていった。

秀吉は城下町の開発にあたり、堺の商人を強制的に大坂城下に住まわせ、その経済力をもって大坂の市域を西へ広げていった。このとき開発されたのが今日の船場《せんば》や島之内《しまのうち》である。水運を担う水路の整備に力が注がれ、東横堀《ひがしよこぼり》川や西横堀川、長堀川、土佐《とさ》堀川などで囲まれた今日の大阪市街地の原型ができあがるのである。

海上交通の面では引き続き、渡辺津が主要港の地位を担っていた。当時の大阪湾沿岸の港においてもっとも重要なことは京都へのアクセスだが、淀川河口付近は秀吉の時代に浚渫が進み、大型船の遡上《そじょう》が可能になっている。

近世まで続いた内陸水運と洪水との闘い

一連の秀吉の施策のもと、大坂は日本一の経済都市となった。町の繁栄は江戸幕府の天領《てんりょう》（直轄地）になってからも変わらず、「天下の台所」と呼ばれるようになる。ただし、大坂に水運・治水の面で問題がなかったわけではない。

瀬戸内海を航行する船に積まれた貨物は、河口付近で小型船に積み替えられ、河川・水路内の港へ運ばれた。当時の商人や町人たちは、小型船を町に入れ、かつ洪水を防ぐために、河川・水路の改修を行なっている。

具体的には河村瑞賢《かわむらずいけん》が1683（天和《てんな》3）年に安治川《あじ》を、1699（元禄《げんろく》12）年には木津川《きづ》を開削した。さらに1831（天保《てんぽう》2）年からは安治川河口に堆積した土砂の浚渫も行なわれた。そのときの土砂を盛ってつくられたのが、日本一低い山として知られる「天保山」である。今日の天保山には水族館やクルーズ客船の発着基地などがあり、大阪港の観光・生活の拠点となっている。

また、江戸時代の河内湖はほぼ陸地と化しており、旧大和川は柏原村《かしわら》（現在の柏原市）付近で久宝寺川《きゅうほうじ》（現在の長瀬川《ながせ》）と玉串川《たまくし》に分かれ、最終的に淀川へ合流した。幕府は1704（宝永《ほうえい》元）年に河川の付け替え工事に着手し、柏原村付近に新たな支流を拓いた。

明治期の大阪湾一帯

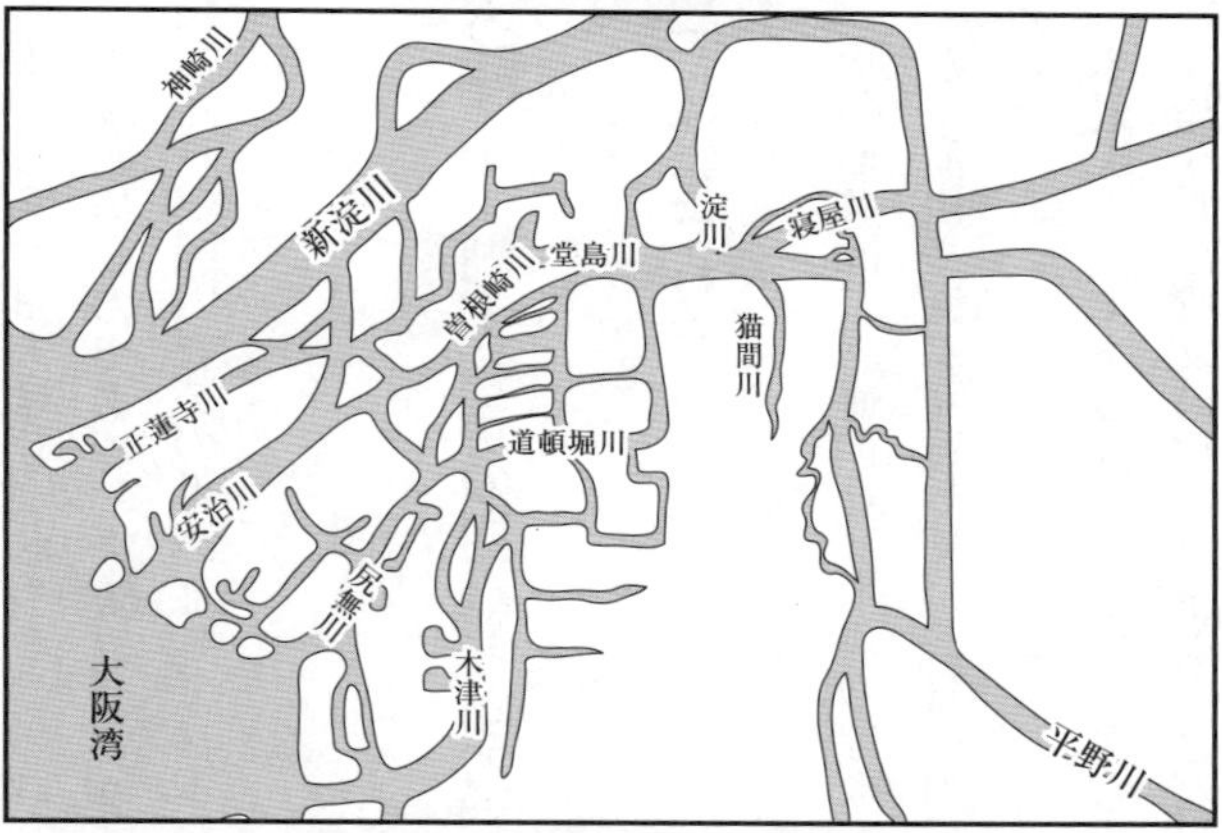

大阪湾から大阪城にかけて水路が縦横に走っていた。

大阪府 HP「治水のあゆみ」内の「新淀川開削事業」の図版を元に作成

これが堺市北部に注ぐ現在の大和川である。

新たな流域の農村は耕作地を削られるという被害を受けたものの、従来の流域では洪水が減り、新田開発が促進された。しかしその後も淀川流域は断続的な氾濫《はんらん》により、水路の埋没に見舞われた。この問題が解決されるのは明治時代のことである。

幕末期に入ると、幕府は開国を求めるアメリカと修好通商条約を結び、箱館（函館）、新潟、神奈川（横浜）、兵庫（神戸）、長崎の5港が開港することとなった（安政の開港）。箱館、横浜、長崎がまず開港し、その10年後には大阪港が、神戸開港から7カ月あまり遅れるものの同じ年に海外への門戸を開き、国際貿易港として新たに歩み始めるのである。大阪港は、2017(平成29)年が開港からちょうど150年目にあたり、国内有数の港湾として日本経済を支えている。

大津《おおつ》――湖上輸送の拠点となる「大きい港」

「都」が造営される

港というと海に面した海港を想像しがちだが、川岸や湖畔にも港は存在する。人の移動、物の輸送は、陸運よりは水運のほうが効率的である。内陸部に都が置かれることが多く、かつ河川や湖が発達していた日本の場合、港は湖・川・河口から発達したといっていいだろう。

日本最大の湖である琵琶湖も古くから水上交通が盛んに行なわれていたと考えられており、湖岸からは縄文時代の丸木船などが見つかっている。その名のとおり、ふたつに割った丸太をくり抜いただけの簡素な船だが、対岸を行き来するには十分だったのだろう。

古代の琵琶湖は「近淡海《ちかつおうみ》」と呼ばれていた。これは「京都に近い淡水の海」を意味し、現在の滋賀県県域にほぼあたる旧国名「近江《おうみ》」の由来となっている。琵琶湖の南岸に位置する大津は、当時は志賀津《しがのつ》という名であった。そもそも大津とは「大きい港」という意味であり、滋賀県のみならず全国各地に同様の地名が見られる。志賀津が大津と呼ばれるようになったのは、天智天皇《てんじ》がこの地に都を築いてからのことだ。

『日本書紀』や『古事記』によれば、4世紀ごろの近江には「高穴穂宮《たかあなほのみや》」という都があったとされている。しかし伝説の域を出るものではなく、存在が実証されている近江の都は、天智天皇が築いた大津宮《おおつのみや》（大津京とも）が最初である。

大津宮が具体的にどの場所に置かれていたかについては江戸時代から議論がなされていた。その最有力候補地であった錦織《にしこおり》では、昭和40年代以降の発掘調査で宮跡とみられる遺構が発掘され、江戸時代からの説が証明された。

大津市歴史博物館には、調査結果をもとにした大津宮の復元模型があり、内裏《だいり》南門の奥に天皇の邸宅となる内裏正殿を置き、周囲を板塀が囲んでいる。この大津京の中心線は、大津市役所などが立ち並ぶ県道47号線にほぼ一致する。

琵琶湖《びわ》を介して東国・北国の物資が集積

中大兄皇子《なかのおおえの》（のちの天智天皇）は６６７（天智天皇６）年、大和の飛鳥から大津に都を移した。遷都の明確な理由は不明だが、東アジア諸国の情勢が深く関わっているとみられている。

当時の朝鮮半島は、唐と新羅の連合軍が百済を滅ぼすなど軍事的緊張が高まっていた。朝廷は６６３（天智天皇２）年、日本と同盟関係にあった百済の復興を目的に出兵するも、大敗を喫してしまう（白村江《はくそんこう》の戦い）。唐や新羅の日本侵攻を危惧《きぐ》した朝廷は、九州北部に水城《みずき》を築くなど防備を固めており、大津への遷都もこうした国防強化の一環であろう。

加えて、当時は日本国内も過渡期にあった。都がまだ飛鳥にあった６４５（皇極《こうぎょく》４）年、中大兄皇子は中臣《なかとみの》（藤原《ふじわらの》）鎌足《かまたり》と共謀して、有力豪族の蘇我入鹿《そがのいるか》を宮中で暗殺。この「乙巳の変」を端緒とする「大化の改新」のもと、朝廷は飛鳥を地盤とする豪族が牛耳《ぎゅうじ》る政治からの脱却を目指していた。

当時、近江南部は渡来人の末裔《まつえい》が多く住み、中大兄皇子の政策を支持していた大伴《おおとも》氏や錦《にしき》氏も帰化渡来人を祖先とする一族である。人心の一新を図るうえで、大津はまさに打ってつけの土地だったのである。なお、日本国内では3世紀より渡来人の移住が始まった

古代における都への物資の輸送ルート

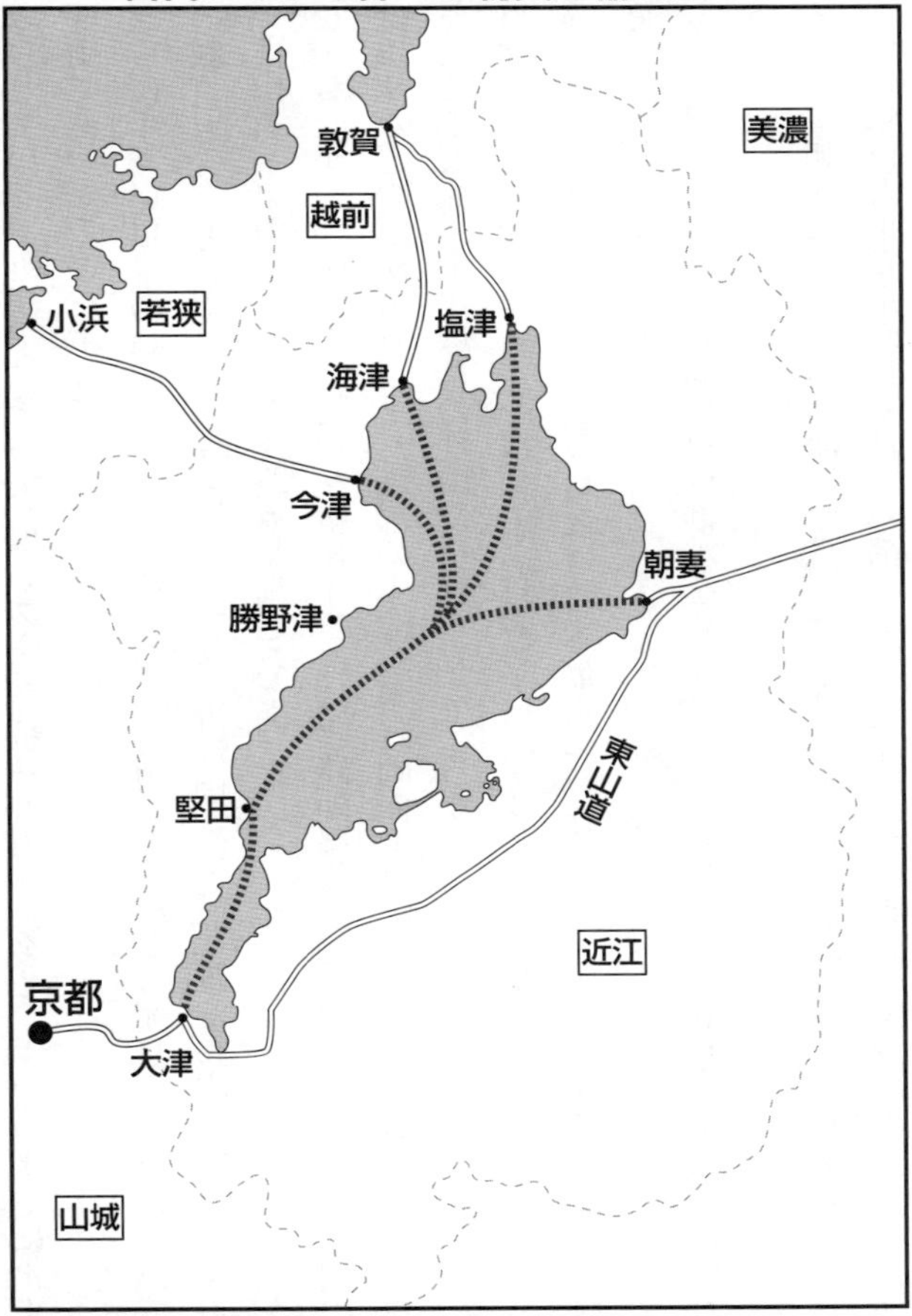

都への物資は、琵琶湖沿岸で舟に積みかえられて大津を経由した。

宮内庁HP「京都と地方を結ぶ水の道」掲載の「地図2 琵琶湖の湖上交通」を参考に作成

とみられている。近江ではその集落はとくに琵琶湖の南部に多く、大津がすでに水上交通の要衝であったことを示している。

さらに中大兄皇子の執政時では、長津《ながつ》（博多の前身）のみならず日本海側に位置する越前の敦賀も大陸との交易窓口になっており、近江周辺では北陸と畿内を結ぶ北陸道のほか、東山道・東海道といった陸路も整備されていた。

しかしながら、越前から物資を輸送するには水運のほうが効率的である。琵琶湖の北部には塩津《しおつ》などの港があり、また南部の大津が水陸両面で東国・北国の物資が集まる流通拠点だったことも、大津遷都の理由に挙げられるだろう。

皇太子のまま政務を執《と》っていた中大兄皇子は、668（天智天皇7）年に大津宮で天皇（天智天皇）に即位する。天智天皇は、日本最古の戸籍「庚午年籍《こうごのねんじやく》」を導入し、公地公民制度の強化に努めた。その在位は4年と短く、病没後は弟の大海人《おおあまの》皇子と、天智天皇の嫡子《ちやくし》である大友《おおともの》皇子の間で皇位継承をめぐる「壬申《じんしん》の乱」が勃発《ぼつぱつ》し、大津宮は廃《すた》れてしまう。

その後、朝廷は在所を飛鳥浄御原《きよみはら》宮、藤原京、平城京、長岡京など遷都をくり返し、桓武天皇が築いた平安京が長く日本の都となる。大津宮が廃されたあとの大津は「古津《ふるつ》」と

湖族「堅田衆」の根拠地

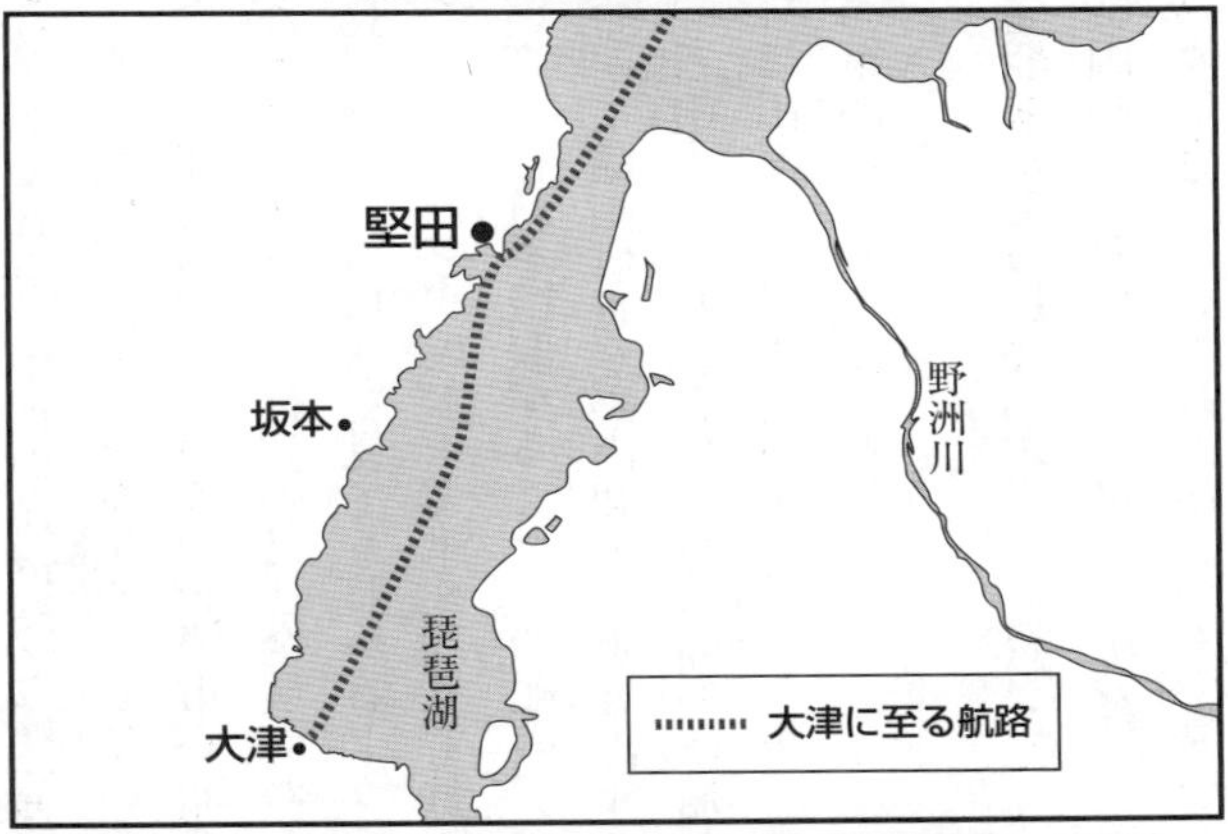

琵琶湖の狭くなっている堅田の地で堅田衆が活動していた。

宮内庁 HP 内「京都と地方を結ぶ水の道」掲載の「地図2　琵琶湖の湖上交通」を参考に作成

呼ばれていたが、桓武天皇により「大津」に戻されたと『日本書紀』は記している。桓武天皇は天智天皇の曾孫《ひまご》にあたり、先祖の威光を取り戻すべく当時の名に戻したのであろう。その後の大津は平安京の東の玄関として発展していくのである。

水運を掌握していた集団とは

鎌倉時代に入ると、比叡山《ひえい》延暦《えんりゃく》寺の膝下《ひざもと》である坂本《さかもと》が琵琶湖水運の中心地となったが、大津も引き続き繁栄した。当時の大津の様子は絵図として伝わっており、国宝の『一遍聖絵《いっぺんひじりえ》』には板葺《いたぶ》き屋根の家屋が並ぶ湖畔の様子をうかがい知ることができる。中世の琵琶湖では「湖族《こぞく》」と呼ばれる集団が出現し、物資の輸送や造船、水先案内、漁業などを生業《なりわい》としていた。なかには水軍を有し、海賊まがいの略奪行為を働く一団もあったという。大津市の北部、堅田《かただ》を拠点にしていた「堅田衆」は中世の有力な湖族であり、琵琶湖のほぼ全域にわたる水運を掌握していたという。

琵琶湖はその形状を見てもわかるように、南側は東西の岸が接近した細長い地形をしている。すなわち、坂本や大津を目指す船は必ず堅田を通ることとなり、堅田衆は「上乗《うわのり》」という通行料を徴収することで船舶の安全を保障していた。

やがて織田信長が畿内制圧に乗り出すと、浄土真宗（一向宗《いっこうしゅう》）の信徒が多かった堅田衆は、石山《いしやま》本願寺とともに信長包囲網に加わった。1570（元亀《げんき》元）年の「堅田の戦い」では織田軍を撃退する活躍を見せたが、その後は調略《ちょうりゃく》によって切り崩され、ついには信長の軍門に降《くだ》るのである。

最盛期をもたらした「大津百艘船《おおつひゃくそうせん》」

戦国時代においても琵琶湖の重要性は変わらず、信長はその湖岸に長浜《ながはま》城や坂本城、大《お》溝《みぞ》城を築き、それぞれ羽柴《はしば》（のちの豊臣）秀吉、明智光秀《あけちみつひで》、津田信澄《つだのぶずみ》といった重臣を城主に据《す》えた。みずからも安土《あづち》城を本城とし、琵琶湖の制海権を掌握した。

これらの城は、いずれも堀が湖面と直結しているという特徴がある。なかでも長浜城では船着き場とみられる石段状の遺構が発見されており（ただし江戸時代に修築された可能性もある）、安土城でも搦手《からめて》（裏口）に船着き場があったという。城郭と船着き場が一体となった城は織豊《しょくほう》時代以降に多く見られる特色である。

信長から政権を引き継いだ豊臣秀吉も琵琶湖水運の掌握に注力した。水路のある街並みが有名な近江八幡《おうみはちまん》も秀吉の甥《おい》・秀次《ひでつぐ》によって湖上水運を利用した町となるよう形づくられた。

ただし、秀吉の首都構想は大坂城を中心としており、物資輸送の需要が高いのは京都よりも大坂である。そこで秀吉は琵琶湖水運の拠点を、従来の坂本からより大坂に近い大津へ移すことを考え、新たに大津城を築いた。

大津城の初代城主である浅野長政《あさのながまさ》は、秀吉の命のもと坂本、堅田、木浜《このはま》などの湖族を再編成する。こうして誕生したのが「大津百艘船《ひやくそうせん》」である。長政は五カ条からなる定め書きを発し、大津から出る百艘船にのみ、物資・旅客輸送の権利を独占的に与えた。

この政策は江戸幕府にも引き継がれ、大津と百艘船は舟奉行の管轄下に置かれることとなる。当時は彦根《ひこね》藩主の井伊《いい》家も松原《まつばら》、米原《まいばら》、長浜の「彦根三湊《さんそう》」を有しており、琵琶湖水運の利権をめぐってたびたび大津百艘船と対立したという。

なお、江戸期の琵琶湖水運では「丸子船《まるこぶね》」と呼ばれる、海上の船とは形状の異なる船が用いられていた。海の船は船底を逆三角形の鋭角にすることで、波を切るように進む。一方で丸子船の船底は緩《ゆる》やかなカーブを描いている。海よりも波のうねりが少なく、水深が浅い湖ではこの形状がもっとも合理的なのである。

丸子船は彦根藩の船であり、江戸幕府の舟奉行が管轄する船は「丸船」と呼ばれた。どちらも構造はほぼ同じであり、現在の琵琶湖沿岸の観光地では丸子船の周知が進められている。

ちなみに、復元した丸子船が、かつて水運の拠点であった琵琶湖北部の大浦にある「北淡海・丸子船の館」に展示されている。

水運の拠点から観光地へと転身

大津百艘船は享保《きようほう》年間（1716〜1736）に1300艘を超える船を保有していたという。琵琶湖水運の最盛期をこの時期に求めることもできるが、敦賀に陸揚げされる物資の量でいえば、寛文期《かんぶん》から元禄末期（1661〜1704）までの約40年間でほぼ半減している。これは河村瑞賢による西廻り航路の開拓が大きく影響している。

従来の琵琶湖を介した輸送では、北国の物資は敦賀において一度陸揚げしなければならず、問丸《といまる》（輸送業者）への手数料などの面で不便があった。一方の西廻り航路では、北国の物資は関門《かんもん》海峡から瀬戸内海を通って大坂へ、紀伊《きい》水道を抜けて江戸まで陸路を使わずに運ぶことができた。これに打撃を受けた大津百艘船は次第に衰退し、1766（明和《めいわ》3）年には39艘にまで減少したという。

その対抗策として、幕府と小浜《おばま》藩は1815（文化《ぶんか》12）年に敦賀から疋田《ひきだ》まで水路を築いた。それが疋田舟川《ひきたふな》で、現在も農業や生活用水として利用されている。日本海と琵琶湖を結ぶ試みは江戸時代以前からみられ、平清盛も同様の運河構想を立てていたという。

やがて明治期に入ると、琵琶湖では蒸気輸送船「一番丸」が就航する。さらに東海道線の延伸が長浜駅まで達し、人と物の輸送において琵琶湖水運は活況を呈した。ところが、まもなく東海道線が全線開通（東京―神戸）すると再度の斜陽を迎える。戦後の高度経済成長期には敦賀と琵琶湖、さらには三重県の四日市《よっかいち》を結ぶ運河の構想がもち上がり、国の調査費もついたが、結局は立ち消えとなった。

国内流通網の中核としての役割は失われたが、今日の琵琶湖は畿内の水源であるのと同時に、重要な観光資源でもある。水運の要衝から観光地への転身は明治時代から模索されており、1894(明治27)年には定期遊覧船が就航。琵琶湖では現在も遊覧船が運航し、さらに大津港も観光拠点として整備され、港の前面の防波堤にある世界最大級の噴水(びわこ花噴水)などが観光客を楽しませている。

大輪田泊《おおわだのとまり》――平清盛《たいらのきよもり》が描いた壮大な夢

「海の平家」に至る先祖代々の歴史

私は1年間、神戸に住んでいたことがある。明治の開港後の外国文化の流入によって形づくられたハイカラな街並みをよく自転車で散策したものである。だが、神戸の港の歴史は、開港よりずっと以前から存在する。

奈良の飛鳥京や平城京、京都の平安京など、古代から近世にかけての日本の都はいずれも内陸部に置かれている。例外的に瀬戸内海に面した難波京があるが、わずか2年で飛鳥へ再遷都されている。内陸のほうが首都防衛に適していることが理由として考えられるが、外国との貿易を考えた場合は沿岸部のほうが都合がよい。

日本初の武士政権を樹立した平清盛は、貿易を行なう港を中心とした都市づくりを推進し、貿易立国を目指したという点で、まさにパイオニアといえるだろう。

平家一門と海の関係は清盛の数代前より始まる。桓武天皇の曾孫である高望王《たかもち》（平高望）は東国に領地を与えられた坂東《ばんどう》平氏であったが、その曾孫にあたる平維衡《これひら》は伊勢《いせ》（現在の三重県）に領地を有した。維衡を祖とする系統が「伊勢平氏」であり、桓武平氏諸流のなかでも伊勢平氏のことは「平家」と呼ぶのがのちの慣例となっている。

当時の伊勢湾は、畿内の港へ荷を運ぶ船舶が多く行き交う海運の要衝であった。現在の桑名《くわな》市にある多度《たど》大社は、航海の安全を守る海神として人々に崇《あが》められ、平家一門も篤《あつ》く信奉していた。このころより平家は伊勢水軍とも関係を持つようになる。

当時はまだ地方官人であった平家が中央政界に進出するのは、維衡の曾孫で清盛の祖父にあたる正盛《まさもり》の代からである。正盛は自領を寄進するなど白河《しらかわ》上皇と誼《よしみ》を結び、但馬《たじま》（現在の兵庫県北部）や讃岐《さぬき》（現在の香川県）など西国《さいごく》の国司を歴任。伊勢で得た水軍力を背景に海賊討伐で武功を挙げた。

正盛の子である忠盛《ただもり》も同様の任に就《つ》き、捕らえた賊徒をみずからの家人《けにん》に組み入れ戦力とした。平家の瀬戸内での影響力は次第に高まり、のちに〝海の平家〟と呼ばれる土台が築かれるのである。

海洋国家樹立にかけた清盛《きよもり》の後半生

忠盛の嫡男である清盛は、1158（保元《ほうげん》3）年に41歳で大宰府《だざいふ》の長官となり、当時の那津（現在の博多付近）で行なわれていた日宋《にっそう》貿易を取り仕切った。このとき清盛は日本初の人工の港を築いたと伝わる。その形が着物の袖に似ていたことから「袖《そで》の湊《みなと》」と呼ばれたが、実在したかは不明だ。ともかく、国を富ませるためには交易が重要との清盛の認識は、このころに生まれたものであろう。

時を同じくして中央政界では崇徳《すとく》上皇と後白河《ごしらかわ》天皇との間で皇位継承をめぐる権力闘争が生じ、1156（保元元）年に摂関《せっかん》家の藤原氏、武家の平氏と源氏を巻き込んだ「保元の乱」に発展する。この乱は清盛や源義朝《よしとも》が与《くみ》した後白河天皇側が勝利したが、火種は依然としてくすぶり続け、1159（平治《へいじ》元）年には平氏と源氏の間で「平治の乱」が起こる。清盛はこの戦いにも勝利し、朝廷から反平氏勢力を一掃。1167（仁安《にんなん》2）年に武士としては前例のない従一位太政大臣《だいじょうだいじん》にまで上《のぼ》りつめるのである。

武士政権の端緒となる平氏政権はこうしてスタートした。ところが、清盛は叙任からわずか2カ月で太政大臣の職を辞し、翌年には出家してしまう。表向きは政界を引退したかっこうだが、朝廷内の重要ポストには長男の重盛《しげもり》をはじめ一族を配し、依然強い影響力を保持していた。清盛が残りの生涯をかけて取り組んだのは、対外貿易に立脚した海洋国家の樹立である。

荒波を防ぐために「経《きょう》が島《しま》」を築く

隠居後の清盛は大輪田泊を望む福原《ふくはら》に居を構えた。父と海賊討伐に励む日々を送っていた清盛にとって、この地は非常に特別な存在だったのだろう。

大輪田泊は奈良時代に僧侶の行基によって築かれた船着き場である。瀬戸内海は外海に比べて波が穏やかで、古代から海上交通の主要ルートであったが、当然のことながら難所もあった。とくに明石海峡では船の難破が相次いでいたという。

そこで行基は河尻泊（尼崎《あまがさき》市）、大輪田泊（神戸市）、魚住泊《うおずみのとまり》（明石市）、韓泊《からのとまり》（姫路《ひめじ》市）、室生泊（たつの市）の「摂播五泊」を築く。これらは陸上でいう宿駅《しゆくえき》のように運用され、暴風雨の際には一日泊に船を停泊させ、波が穏やかになるのを待って次の泊を目指したという。

余談になるが、行基は東大寺盧舎那仏《るしやなぶつ》の開眼供養を取り仕切ったことでよく知られている。そのほかにも生涯で49の寺社を建立し、河川の架橋やため池づくりにも数多く携わったという。鎌倉の港湾の整備に尽力した往阿弥陀仏《おうあみだぶつ》や忍性《にんしよう》、後述する重源《ちようげん》などの例もあるように、当時の僧侶は大陸の最新技術に明るい土木技術者としての側面も持ち併《あわ》せていたのである。

福原に移った清盛は大輪田泊の大改修に着手する。付近一帯の海域は波が荒く、船舶や港湾施設にたびたび被害を与えていた。そこで清盛は泊の前面に防波堤となる人工島を構築することを計画する。

工事は大いに難航し、盛った土や積み上げた石が風雨と波で崩されることが何度もくり返される。当時の土木工事では完遂を祈念し、人柱を埋めるのが慣例となっていたが、人柱は罪深いことだと考えた清盛は、代わりに一切経《いつさいきよう》（仏教経典の集成）を書いた石を海に沈めたという。

『平家物語』に描かれるこの逸話とは別の言い伝えもある。松王丸《まつおうまる》という清盛の近習《きんじゅ》が、30人からなる人柱の身代わりとなって海に沈んだという。この伝説は幸若舞《こうわかまい》の演目『築島《つきしま》』にもなっているが、おそらく後世の為政者により、清盛が実像以上に悪逆に伝えられたがゆえの創作であろう。なお兵庫区の来迎寺《らいこうじ》には、この松王丸の供養塔が建っている。

完成した人工島には「経《きよう》が島《しま》」という名がつけられた。場所は不明だが、おそらく和田《わだ》岬の東岸付近であったとみていいだろう。『平家物語』はその面積を「一里三十六町」（およそ41ヘクタール）と記している。

なぜ新都は完成に至らなかったのか

時系列は前後するが、清盛は大輪田泊の改修に先駆け、1160年代から福原の整備にも取り組んでいる。清盛自身は平野《ひらの》（兵庫区）に邸宅を置き、その周囲に一族家臣の屋敷が次々と建てられていった。

新たに港湾都市が完成した先に清盛が見据えていたのは遷都である。今日では「福原遷都」はよく知られているが、清盛が当初に企画していたのは福原に隣接する和田への遷都であった。

和田は現在の兵庫区と長田区《ながた》にまたがる地域で、清盛は平安京同様の碁盤の目をした都を想定していたらしい。しかし当該地には平地が少なく、和田への遷都、すなわち和田京が実現することはなかった。福原においても同様の町割りが計画されていたが、これはのちに勃発する源平の争乱により建設中止となる。

一方で大輪田泊を起点にした宋王朝との貿易は精力的に行なわれ、1170（嘉応《かおう》2）年に清盛は福原にて後白河法皇と宋人を直接対面させている。これは貿易国家樹立に向けた一大デモンストレーションといえるだろう。

この日宋貿易で清盛の一族は巨万の富を得る。全国各地の荘園の押領《おうりよう》（他人の所領を奪うこと）も進み、最盛期には60カ国のうち35カ国が平家の知行国《ちぎようこく》であったという。清盛の義弟である平時忠《ときただ》の「平家にあらずんば人にあらず」という有名な言葉は、まさに政権が絶頂を迎えていた1174（承安《じようあん》4）年に発せられたものだ。

ただし、皇族や公家のすべてが清盛の方策を支持していたわけではない。当時は外国船が瀬戸内海を通ることが禁止されており、公家の九条兼実《くじようかねざね》は自身の日記『玉葉《ぎよくよう》』に、大輪田泊で宋王朝と交易していた清盛を「天魔の所為《しよい》」と書き記している。

遷都についても反対する者は多く、清盛の後ろ盾のひとりであった高倉《たかくら》天皇（のちに上

現代の地図から見た和田京の構想範囲

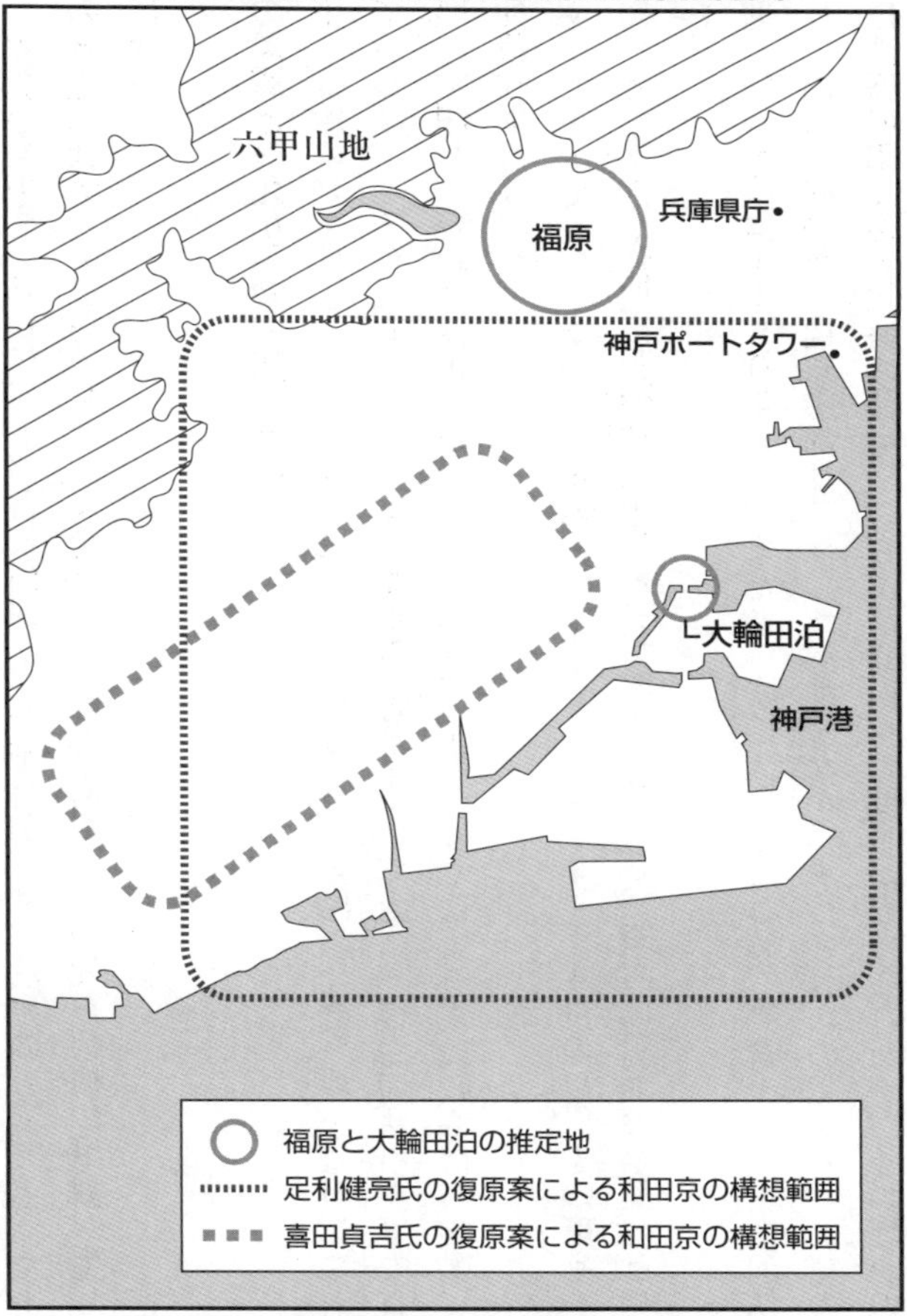

清盛が構想した和田京の規模については複数の説がある。

足利健亮著『日本の歴史を解く100人』（文英堂）内の図を参考に作成

皇）が難色を示す。さらに、清盛と後白河法皇の蜜月関係も、法皇の女御《にょうご》（后《きさき》）であり清盛の義理の妹でもある建春門院《けんしゅんもんいん》（平滋子《しげこ》。高倉天皇の生母）の死を契機に亀裂が生じるようになる。

海の藻屑《もくず》と消えた平家一門の栄華

平家排斥《はいせき》の動きは1177（安元《あんげん》3）年の「鹿ケ谷《ししたに》の陰謀」により露《あらわ》となり、これを受けて清盛は1179（治承《じしょう》3）年に福原から軍勢を率いて上洛。後白河法皇を平安京の鳥羽殿《とばどの》に幽閉し、院政を停止した。この「治承三年の政変」により平氏政権は事実上、清盛の独裁政権となった。

やがて東国でも反平家の旗が揚がり、1180（治承4）年4月の以仁王《もちひと》の反乱を皮切りに、源（木曾《きそ》）義仲《よしなか》、源頼朝《よりとも》ら源氏勢力が次々に挙兵し、国内は源平の争乱へと突入していく。

迎え撃つ清盛は1180年6月、まだ幼い安徳《あんとく》天皇をはじめ、高倉上皇、後白河法皇を連れて福原に移った。福原遷都はこうした混乱のなかで決行されたのである。天皇の御所には清盛の弟である頼盛《よりもり》の邸宅、のちに清盛自身の邸宅が充《あ》てられたが、そのほかの者は

「道路に座すがごとし」という有様だったと『平家物語』は伝えている。

清盛の福原開発は10年以上も前から行なわれており、計画的なものであることに違いはないが、遷都は、東国の源氏に対抗すべく西国諸勢力の糾合《きゅうごう》を目的とした窮余の策とみることもできよう。いずれにせよ、清盛の宿願である貿易立国構想はすでに風前の灯火《ともしび》と化していた。天皇の身柄を押さえていたとはいえ、平安京が畿内の要衝であることに変わりなく、清盛はわずか半年で京都への帰還を余儀なくされるのである。

再遷都の翌1181（治承5）年3月、清盛は京都で病没した。『平家物語』によれば死に際し、自身の遺体を経が島に埋葬するよう遺言したという。現在、大輪田橋（兵庫区中之島）の西には清盛の供養塔が建っているが、正確な墓所は不明である。

清盛亡き後の平家の末路は、よく知られたところであろう。源義仲に京都を追われた平家は、その後、太宰府《だざいふ》で一旦は態勢を立て直すも、源頼朝が差し向けた範頼《のりより》・義経の軍勢に敗戦を重ね、長門《ながと》（現在の山口県西部）の壇《だん》ノ浦《うら》で安徳天皇もろとも海に沈んだ。

敗走中、福原は平家一門の手によって焼かれたという。大輪田泊は、鎌倉時代の僧・重源により源平の争乱で途絶えていた修築作業が再開され、以降は兵庫津として重用された。江戸時代に入ると兵庫津は北前船の基地として大いに栄えたという。

明治期には、和田岬付近の安全性を高める目的で兵庫運河の整備が行なわれている。兵庫運河は5つの運河からなり、周辺は昭和初期に商工業地帯となった。やがて運河の利用が減少すると、運河沿いはプロムナードとして再生され、現在も憩《いこ》いの場となっている。

この地に日本の首都が置かれたのはごく短期間であったが、明治時代の開港に至る礎《いしずえ》となったのである。そして、開港後の神戸は、清盛が夢に描いた港の姿、そのものなのかもしれない。

和賀《わか》江《え》島と六浦《むつら》――鎌倉の経済発展を支える

現存する最古の築港遺跡

私は横須賀に住んでおり、自転車で横須賀から江ノ島へときどき往復することがある。その際、材木座《ざいもくざ》近くの海岸沿いの道路から玉石が積み上げられた「和賀江《わかえ》島」が見える。そのたびに、かつては多くの船舶が停泊していた光景に思いをはせている。

三浦《みうら》半島の付け根、逗子《ずし》市の飯島《いいじま》岬から100メートルほど沖に位置する和賀江島は、鎌倉時代につくられた人工島であり、現存する日本最古の築港遺跡とされている。島といっても全容は石造りの堰堤《えんてい》で、満潮時はその表面がわずかに海面に顔を出す程度だ。干潮時は対岸と地続きになり、直径40〜50センチメートルほどの石が広範囲にわたって散らばる様を目にすることができる。

鎌倉は三方を山に囲まれ、残る一方は相模湾に面している。一帯の海岸は鎌倉市を南北に流れる滑川《なめり》を境に、今日では西が由比《ゆい》ヶ浜《はま》、東が材木座海岸となっている。この材木座海岸は、古くは和賀江津《わかえのつ》と呼ばれていた。

1185（元暦《げんりやく》2／文治《ぶんじ》元）年に源頼朝が幕府を開いて以降、相模湾は鎌倉の海の玄関として多くの船舶が行き交い、当時の旅行記である『海道記《かいどうき》』は「東南の角一道は舟檝《しゆうしゆう》（舟と梶《かじ》）の津、商売の商人百族はにぎわい」と沿岸の様子を伝えている。しかし由比ヶ浜および和賀江津は遠浅の地形であるため積荷の陸揚げに難儀し、また船が座礁することも少なくなかったという。

これらの問題点を改善するために築かれたのが、和賀江島である。鎌倉幕府の歴史書『吾妻鏡《あずまかがみ》』によれば、築港は往阿弥陀仏（前出）という勧進僧の発案によるもので、進言を受けた3代執権・北条泰時《ほうじょうやすとき》は嬉々として協力を約束し、1232（貞永《じょうえい》元）年7月に築港は始まった。

材料には伊豆や箱根などの石が使用され、その多くが丈夫で波の侵食に強い安山岩《あんざんがん》であった。まずは海底に根石を敷きつめ、その上に丸石を積み上げるという工事が急ピッチで進められ、わずか20日あまりで完成したという。

鎌倉時代の経済特区

和賀江島は鎌倉の経済発展に寄与した。5代執権・北条時頼《ときより》は大町や小町など鎌倉の7カ所で商売を許可した。そのひとつに和賀江島も含まれている。いわば今日でいう商業特区に指定されたのである。材木座海岸の由来も、この地に材木を扱う商業者組合があったからだとされている。後世において付近一帯からは宋代の青磁《せいじ》の破片などが発掘されており、当時の中国王朝との交易も盛んであったことがうかがえる。

なお和賀江島と関係の深い人物に、ハンセン病患者の救済などに尽力したことで名高い極楽寺《ごくらくじ》の僧侶・忍性がいる。忍性は船舶から徴収した津銭《つせん》（津料とも。通行税）を港湾の修築費用に充てた。以降、和賀江島は極楽寺が管理することとなるのである。

鎌倉幕府の滅亡後の和賀江島の様子は文献に乏しく、詳細はわかっていないが、良港が少ない鎌倉にあって引き続き港として機能していたようである。しかし、相模湾は波浪が厳しく、和賀江島はたびたび高波の被害を受けたという。結局、江戸時代中期ごろに和賀江島は港湾施設としての使命を終えるのである。

関東大震災が起こった際（1923年）には隆起した石が散乱し、干潮時に島が露出する現在の地形が形成された。適度に荒れた波浪はウィンドサーファーに好まれ、海洋レジャーの場としてにぎわっており、ボートやウィンドサーフィンが置かれている。

軍事の要衝から商業都市へ

鎌倉にとって欠かすことのできない港がもうひとつある。東京湾沿岸の六浦《むつら》である。現在は「むつら」と呼ぶが、中世には六浦荘《むつらのしょう》という荘園があり、六浦本郷《ほんごう》、富岡《とみおか》郷、釜《かま》利谷《りや》郷、金沢《かねさわ》郷という4つの郷で構成されていた。

当時の海岸線は現在と大きく異なる。国道16号線の東側は平潟《ひらかた》湾が迫り、大半が海であった。その入江に面した六浦は波浪が穏やかで、後述する三艘《さんぞう》をはじめ複数の港や船着き場があったと考えられている。

当初、六浦荘の領主は有力御家人の和田義盛《わだよしもり》であったが、1213（建暦《けんりやく》3）年の「和田合戦」で幕府に滅ぼされてしまう。代わって領主の座に就いたのは北条泰時の弟・実泰《さねやす》であり、その子・実時《さねとき》は内陸の釜利谷から沿岸の金沢に居館を移した。元来、六浦は幕府の搦手（裏口）に位置する軍事上の要衝であり、この人事をもって六浦は事実上、幕府の直轄地となったとみてよいだろう。

六浦周辺ではインフラ面の整備も進む。『吾妻鏡』によれば1241（仁治《にんじ》2）年、鎌倉と六浦の間に「朝比奈《あさひな》切通」が開かれ、「六浦道（金沢街道）」が整備された。のちに六浦では製塩業も始まり、六浦道は「塩の道」とも呼ばれるようになる。朝比奈切通は現在でも通ることができ、私も実際、何度も通ったことがある。全区間道幅が広く、驚くべきことに階段がない。

さらに、平潟湾の北側にあたる瀬戸と金沢を結ぶ瀬戸橋が北条（金沢《かねさわ》）貞顕《さだあき》（実時の孫。のちの15代執権）によって築かれ、六浦と金沢間の往来が容易になった。これらの政策をもって六浦一帯は鎌倉を中心とする都市圏に組み込まれ、おもに東日本から物資が集まる商業都市として飛躍するのである。

現代の地図から見た鎌倉と六浦をつないだ道

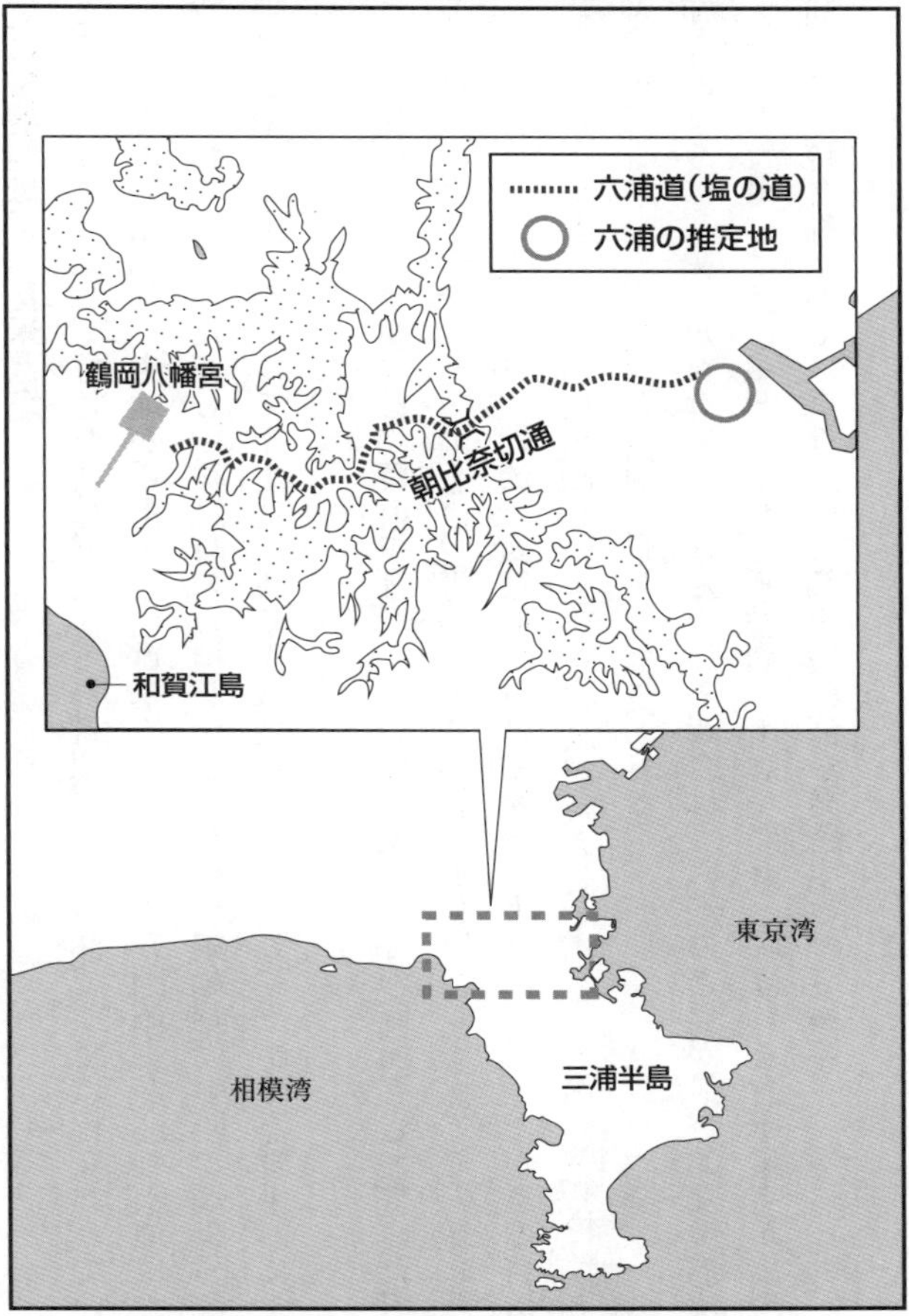

六浦に集められた物資は六浦路を通り、鎌倉に送られた。
横浜市HP「景観から紐解く金沢」の「金沢の古道」内の地図を参考に作成

すでに投機対象だった米と塩

ここで特筆すべきは、江戸時代に発展する為替取引が、六浦ですでに行なわれていた点だ。荘園制の開始以降、土地から上がる年貢米や特産品は、荘園領主が住む土地において現物納入されていた。ただし、輸送時の負担が大きいため、鎌倉時代中期には全国各地の市場で現金に交換したうえで領主に納める代銭納が主流となり、やがて為替手形による納入がなされるようになった。

この時代の米や塩は単なる消費財ではなく、投機対象としての側面ももっていたのだ。南北朝時代の称名《しょうみょう》寺の僧・阿忍《あにん》は、寺領がある加賀（現在の石川県南部）で売却した米の代金を為替として受け取り、六浦で複数回に分けて換金しようとした。だが2度目には米価格が下がっており、大いに落胆したという書状が残されている（ただし米価格は地方よりも都市圏のほうが高く、結果的に阿忍は得をしたとみられる）。

阿忍のように、領主が鎌倉近郊に住んでいる場合は、六浦の市場が最終的な手形決済の場となった。町には割符屋《さいふや》と呼ばれる両替商、土倉《とくら》や問丸《といまる》と呼ばれる倉庫業者が出現し、六浦を含む鎌倉都市圏では京都同様の都市型経済が発達するのである。

大陸から船でやってきた「金沢《かなざわ》猫」

六浦は幕府の重要な外港でもあった。現在の平潟湾から南西1キロメートルほどの内陸に「三艘」（横浜市金沢区）という地名があるが、当時は文字どおりの港である。地名の由来は、鎌倉時代に唐船が三度来航したからとも、一度に3艘の唐船が来航したからともいわれている。

平氏政権によって推《お》し進められた日宋貿易だったが、鎌倉時代になると、南宋が元《げん》の侵略を受けたことから国家間の交易は途絶えていた。とはいえ、民間交流は依然として続いており、南宋の商船は博多に寄港し、積荷は日本の商船に積み替えられた。その後、日本の商船は、瀬戸内海から太平洋に抜けて和賀江島や六浦に来航したとも考えられている。

南宋からの輸入品は、おもに陶磁器や絹織物、書籍、美術品であり、江戸時代の水戸藩主・徳川光圀《とくがわみつくに》が編纂した『新編鎌倉志』には、南宋の経典、青磁、香炉などが称名寺に納められた旨が記されている。また宋銭の輸入は貨幣経済を促進し、前述した代銭納の土台となった。日本と中国王朝との交易は、元寇《げんこう》ののちも日元貿易として、規模は小さいながらも続けられた。

中国との交流に関してはこんな逸話もある。現在、京浜《けいひん》急行の駅名にもなっている「金沢文庫」は、北条（金沢）実時が設立した日本初の図書館だが、文庫に収める経典を中国から取り寄せる際、船にはネズミの害を防ぐための唐猫も乗せられていた。

船の接岸後、唐猫は真っ先に船外へ飛び出し、そのまま六浦に棲み着いてしまった。唐猫は現地で繁殖し、子猫たちは人々から「金沢猫」と呼ばれ、大いに可愛がられたという。死んだ猫は六浦の千光寺《せんこうじ》で供養され、寺が東朝比奈町に移された現在も、境内には「猫塚」が残っている。

江戸期のにぎわいを取り戻す

鎌倉幕府滅亡後の六浦は、群雄が割拠する戦場となった。戦国時代初期、三浦半島では有力豪族の三浦氏が新興勢力の北条早雲《そううん》に圧迫されていた。三浦氏を助勢するため、太田《おおた》資康《すけやす》の軍勢が上陸したのが六浦であった。ところが、三浦氏は早雲に滅ぼされ、相模の全域が後北条《ごほうじょう》氏の領土となった。

その後は後北条氏と房総《ぼうそう》半島の里見《さとみ》氏が現在の東京湾を挟《はさ》んでにらみ合った。水軍力で劣る後北条氏は、六浦の船大工や鍛冶《かじ》屋を配下に組み入れ、戦力を増強したという。

17世紀に入ると江戸に幕府が成立したことで、六浦を含む鎌倉の政治・経済都市としての性格は失われ、代わって観光都市として脚光を浴びることとなる。

寂れた寒村と化していた鎌倉は、前述の徳川光圀が編纂した旅行ガイド誌『新編鎌倉志』によって人々の関心を集め、多くの観光客が足を運んだ。17世紀後半の禅僧・心越《しんえつ》は、景観の美しい金沢の8カ所を題材に漢詩を詠《よ》み、これらの景勝地は現在「金沢八景」と呼ばれている。

幕府の設立当初に天領（幕府の直轄地）であった六浦は、1722（享保7）年に譜代大名の米倉《よねくら》氏に与えられ、幕末まで六浦藩が存続。廃藩置県後は六浦県が成立するが、ほどなく神奈川県に併合される。

人口流出という逆風にさらされながらも、六浦と金沢は東京近郊の景勝地・保養地として引き続き人気を集め、横須賀軍港とともに観光地として脚光を浴びた。

初代内閣総理大臣の伊藤博文《いとうひろぶみ》が帝国憲法の草案を練ったのも金沢である。伊藤は井上《いのうえ》毅《こわし》、金子堅太郎《かねこけんたろう》、伊東巳代治《いとうみよじ》ら政府の首脳を割烹《かっぽう》旅館・東屋《あずまや》に集め、日夜草案づくりに励んでいた。その最中、草案の入った鞄《かばん》が盗まれる事件が発生。数日後、草案が無事に発見されると、伊藤は野島《のじま》にある自身の別荘に場所を移し、草案を完成させたという。

1930（昭和5）年には京浜急行が横浜（黄金町《こがねちょう》）から浦賀まで開通し、金沢などをめぐる観光手段として重用された。だが、政府が軍国化を推し進めるなかで、六浦と金沢は景観を一変させる。横須賀軍港が建設されたのを契機に、六浦では地下弾薬庫など軍事施設が建造され、軍関係者の宅地も造成された。金沢地区の人口は1932（昭和7）年からの11年間でおよそ5倍以上に増加したが、引き替えに金沢八景に代表される美しい景観を失ってしまうのである。

戦後の昭和40年代からは、横浜市の6大事業の一環である都市部強化事業で「横浜みなとみらい21」に代表される再開発が進み、平潟湾は大きく埋め立てられ閑静な住宅地となり、八景島《はっけいじま》シーパラダイスや海の公園などもつくられた。金沢八景の「夕照橋《ゆうしょう》」付近はとても美しく、テレビドラマなどの撮影も頻繁に行なわれている。このように、現在の六浦は、行楽地であった江戸時代のにぎわいを取り戻したといえるだろう。

3章　世界史に名を残す日本の港はどこか

博多津《はかたのつ》——東アジア貿易の窓口を担う

幻の「袖《そで》の湊《みなと》」

国際拠点港湾である博多港は、全国の港のなかでも外航クルーズ客船寄港1位（312回、2016年国土交通省調べ）、外資コンテナ取扱個数でも6位（2016年、国土交通省まとめ）を誇る。また、釜山《プサン》との間にはジェットフォイル、フェリーの定期航路があり、観光と貿易の両面で大陸にもっとも近い港と呼べる存在だ。

加えて、博多港は背後の市街地、たとえば天神《てんじん》とも近接しており、港と街が一体となっている。街ではクルーズ船などで来た中国人をはじめ、多くの外国人観光客を見かける。私自身は、下関と北九州で単身赴任していたとき、電車や高速バスで博多や天神に行くのが楽しみだった。地下街は洒落《しゃれ》ていて、大陸との窓口であると同時に、九州の中心という雰囲気を醸《かも》し出していた。

福岡の通称として広く用いられている「博多」は、もとは古代から近世にかけてこの地に発展した港湾都市をさす。『続日本紀《しょくにほんぎ》』の天平宝字《てんぴょうほうじ》三年（759年）三月二四日条には

外国航路の旅客数日本一の博多港。

「博多大津」という地名が記されており、これが文献上の「博多」の初出とされている。古代文献には「那津」という表記も見られるが、こちらは弥生時代の九州北部にあったとされる「奴国《なこく》」の「津」という意味であろう。

博多区祇園《ぎおん》では地下鉄敷設《ふせつ》工事にともなう発掘調査が1977（昭和52）年から行なわれている。中国製陶磁器や生活用品、さらには当時の町割りを示す堀跡などが出土していることから、付近一帯が中世においても博多の中心部であったのだろう。

中世博多の海岸線は現在よりも内陸におよんでおり、博多は博多浜と、そこから出島のように突き出た沖の浜（息浜《おきのはま》）に分かれていた。1646（正保《しょうほう》3）年の『正保福博惣絵図《ふくはく》』には、沖の浜を囲む水路に「袖の湊《そでみなと》」という文字が見える。これは和歌にも詠まれる古代の湊だが、その実在については江戸時代から議論がなされていたようで、江戸時代後期の文人・奥村玉蘭《おくむらぎよくらん》は「袖の湊」を博多の別名であるとし、同時期の国学者である伊藤常足《いとうつねたり》は、和歌の世界にのみ存在する架空の湊であるとしている。

こうした議論は昭和期に入ってからも続き、戦前の考古学者・中山平次郎《なかやまへいじろう》は、「袖の湊」は大宰府の長官であった平清盛が築いた人工島であるとする仮説を立て、以降は定説のように扱われていた。とはいえ、清盛時代の文献にその実在を示す記述はなく、現在の考古学・歴史学界では存在自体が否定されている。

イスラーム世界の文物も伝わる

改めて、港湾都市としての博多の歴史をたどってみよう。

朝鮮半島に近い博多は古くから東アジア地域との交易の拠点であり、ヤマト王権のみならず地方豪族も博多を通じて独自に半島の諸国と親交を結んでいた。

古代の朝鮮半島には高句麗《こうくり》、百済、新羅、任那《みまな》といった国家が存立し、『日本書紀』によれば、任那は日本領であったという。6世紀前半に新羅が任那の領土であった南加羅《から》を制圧すると、ヤマト王権は南加羅を奪回すべく任那への出兵を決める。新羅と関係の深い筑紫《つくし》（現在の福岡県）の豪族・磐井《いわい》は、この出兵を阻止すべく反乱（磐井の乱）を起こすも、ヤマト軍に鎮圧されてしまう。

こうした東アジア情勢を受けて、536（宣化《せんか》天皇元）年、第28代・宣化天皇は筑紫に「官家《かんか》」（かんけ・みやけ）を設置する。官家は「屯倉《みやけ》」とも書くが、どちらも周辺国から集めた穀物などを蓄《たくわ》える倉庫のことである。それが転じて、ヤマト王権の直轄領や地方行政機関も官家、屯倉と呼ぶようになった。とくに筑紫の官家は交易の拠点であるのと同時に、有事の際の兵站《へいたん》を担う軍事拠点でもあった。

その後は日本が唐・新羅連合軍に敗れた663（天智天皇2）年の「白村江の戦い」を経て、筑紫に大宰府が設置される。おもな役割は九州北部の行政・軍事・外交の統括であり、筑紫官家を受け継ぐ機関と考えていいだろう。以降、博多津は大宰府の外港となるのだが、外交実務に関しては、博多津の「鴻臚館《こうろかん》」にもその機能が割り与えられている。これは唐や朝鮮からの使者を迎える迎賓館であり、遣唐使たちが外洋に出る前に旅支度を整える宿舎でもあった。

鴻臚館の場所は、大正時代まで福岡市東部の官内町《かんない》(現在の博多区呉服町《ごふく》)付近であるとされてきたが、前述の中山平次郎の調査により、中央区平和台の福岡城にあったことが判明している。のちの発掘調査では、かつて西鉄ライオンズの本拠地であった平和台球場の南側から、鴻臚館のものとみられる礎石や屋根瓦などが発掘された。

さらに、当時の交易の模様を伝える物証として、中国浙江省《せっこう》の青磁器やイスラーム圏のガラスなども見つかっており、鴻臚館は国際都市としての博多津を象徴する施設であったのだろう。なお、同様の施設は平安京や難波にも置かれていたが、筑紫の鴻臚館を含め遣唐使が廃止された9世紀以降に衰退したとみられている。

関係悪化後も続いた「日元貿易」

さて、博多は近世以前の日本本土で唯一、海外の侵略にさらされた場所でもある。ほかならぬ「元寇」によってだ。

初戦の「文永《ぶんえい》の役」は1274(文永11)年に始まり、元の初代皇帝フビライ・ハンは兵3万、軍船900艘からなる元・高麗《こうらい》連合軍を博多へと差し向けた。第1陣は今津《いまづ》、第2陣は姪浜《めいのはま》に上陸。鎌倉幕府軍は従来の日本にはない元軍の集団戦法に圧倒され、司令部の鎮西探題《ちんぜいたんだい》が置かれていた太宰府への退却を余儀なくされる。ところが、元軍はそれ以上の追撃はしてこず、わずか1日の戦闘で大陸へと引き返していった。撤兵の真相は今なお謎《なぞ》だ。

二度目の「弘安《こうあん》の役」は文永の役から7年後に起こり、総勢14万もの大軍が博多に襲来。今度は幕府軍も防備を固めており、東の香椎《かしい》から西の今津まで、総距離20キロメートルもの石築地《いしついじ》（防塁）を築いて対抗した。やがて九州北部は台風に見舞われ、元の軍船の多くが沈没。こうして日本は窮地を脱したのである。

石築地の遺構は、早良《さわら》区の西南学院《せいなんがくいん》大学や西区の生《いき》の松原など、現在も福岡市内の各所で目にすることができる。実際、私も、西南学院大学の防塁を見学したことがある。東区の九州大学構内では2016（平成28）年と2017（平成29）年の二度にわたって石築地とみられる石積みの遺構が出土しており、市内では今後も土木工事のたびに新たな発見があるかもしれない。

ところで元寇の最中、博多商人は何をしていたのだろうか。じつは引き続き、貿易に専念しており、日本と元が緊張関係にあったにもかかわらず、フビライのもとへ商《あきな》いに出向いていたという。フビライも博多商人を歓待したらしく、今日でいう政経分離が実践されていたというべきであろうか。

また、やや時代は前後するが、平安時代の末期からは「博多綱首《こうしゆ》」と呼ばれる宋の帰化商人が出現する。その代表格は13世紀中ごろに活躍した謝国明《しやこくめい》という豪商である。禅宗を篤く信奉する国明は、宗像《むなかた》大社の荘園であった博多湾の小呂島《おろの》を拠点に貿易を行ない、仏教文化の普及に貢献したという。飢饉《ききん》の際には蓄えた富で人々に食料を与え、このときに振る舞った蕎麦《そば》がきが年越し蕎麦の起源だとする伝説がある。

自治都市の礎《いしずえ》を築いた豪商

元寇は御家人の窮乏に拍車をかけ、求心力を失った鎌倉幕府は足利尊氏《あしかがたかうじ》や新田義貞《にったよしさだ》らによって倒された。その後は足利氏による室町幕府が成立し、3代将軍・足利義満《よしみつ》により日明《にちみん》貿易（勘合《かんごう》貿易）が開始される。

日本からの輸出品は、おもに硫黄《いおう》や銅、刀剣などであり、明からは生糸《きいと》などが輸入された。生糸は非常に利益率が高く、買値の20倍もの値段で取引された。1407（応永《おうえい》14）年に帰国した遣明船の利益は総額20万貫、現在の貨幣価値で200億円に達したという。商人はこの日明貿易で財をなし、博多には彼らの屋敷をはじめ1万戸以上があったとされている。

当時の博多商人の代表格としては、15世紀の豪商・宗金《そうきん》が挙げられるだろう。一見すると中国人のような名前だが日本人である。

明は「図書」という印判を与えた者にのみ、自国と交易することを許可していた。この「受図書人《じゅとしょにん》」は、おもに武家であったが、宗金は明との直接交渉の末に図書の印を得る。すなわち武家の配下ではない、独立した貿易商となったのである。

幕府の重臣や有力大名とも誼を結んでいた宗金は、豊後《ぶんご》（現在の大分県）の大友《おおとも》氏から「石城府代官《せきじょうふ》」に任命されていたとも伝わる。石城府は博多の古名であり、おそらく宗金は博多の町政の舵取り役であったのだろう。のちに博多が商人の自治都市となる礎は、この宗金によって築かれたといえる。

「博多《はかた》」の利権をめぐる大名たちの戦い

やがて国内では「応仁《おうにん》の乱」が勃発し、幕府の統治能力は大きく低下する。この東西両軍による未曾有《みぞう》の大乱は海運にも大きな影響を与え、幕府の外港であった兵庫津が大内《おおうち》氏（乱の西軍側）に占領されたことで、瀬戸内海を通るルートが封鎖されてしまう。その対策として幕府と細川氏《ほそかわ》（乱の東軍側）は和泉《いずみ》（現在の大阪府南西部）の堺津《さかいのつ》に目をつける。堺津を出た遣明船は紀伊水道を抜けて、太平洋側から琉球や明へと渡った。

これまで博多津を経由していた商船が立ち寄らなくなったのだから、博多商人が被《こうむ》った損失は甚大である。1523（大永《だいえい》3）年には遣明船の寄港地である明の寧波《ニンポー》で、大内氏が細川氏の船を焼き討ちする事件（寧波の乱）が起こっているが、背景には博多商人と堺商人による利権争いがあったとも考えられる。

博多をめぐる武家の争いにはこんな逸話もある。戦国時代の九州北部では、周防《すおう》と長門（ともに現在の山口県）を本領とする大内氏、豊後の大友氏、さらに安芸《あき》（現在の広島県西部）の毛利《もうり》氏がしのぎを削っていた。大友宗麟《そうりん》は大内氏と縁戚関係にあり、大内義隆《よしたか》が重臣の陶晴賢《すえはるかた》に謀殺されると、宗麟の弟・義長《よしなが》が大内氏の次期当主に擁立された。

義長は毛利元就《もとなり》によって攻め滅ぼされるのだが、このとき宗麟は元就と密約を交わし、義長への援軍を送らない代わりに、筑前《ちくぜん》（現在の福岡県西部）を含む九州北部を大友氏が領有することを元就に認めさせている。つまりは実弟を見殺しにして、博多の利権を得たのである。それだけの価値がこの地にあったということだろう。

戦国時代末期になると、九州は大友宗麟、肥前《ひぜん》（現在の長崎県と佐賀県の一部）の龍造寺《りゅうぞうじ》隆信《たかのぶ》、薩摩《さつま》（現在の鹿児島県西部）の島津義久《しまづよしひさ》が覇を競った。ただし大友氏はすでに斜陽を迎えており、龍造寺軍と島津軍の圧迫を受けた博多は、二度にわたり戦火に見舞われた。

焦土と化した博多の再建は、豊臣秀吉の命を受けた黒田官兵衛《くろだかんべえ》や石田三成《いしだみつなり》の指揮下で行なわれ、東部の商業地区と西部の城下町が整然と分かれた町割り（太閤《たいこう》町割り）が施《ほどこ》された。黒田家は幕末まで続く福岡藩の藩主となる。

秀吉が即座の再建に着手したのは、大陸への出兵を見据えていたからにほかならない。商人にとっても博多の復興は悲願であり、秀吉への協力を惜しまなかった。この時代に活躍した商人としては、島井宗室《しまいそうしつ》、神屋宗湛《かみやそうたん》、大賀宗九《おおがそうく》らがよく知られている。いずれも秀吉に重用された豪商であり、福岡城や城下町の建設に尽力。現在は「博多三傑」とも呼ばれている。

堺津《さかいのつ》――有力商人による自治

職人集団が交易港へと発展させる

堺は、臨海工業地帯の工業港「堺泉北港《さかいせんぼく》」を有する政令指定都市だ。そして、歴史的には、中世における日本最大の港湾都市であった。その繁栄は当時のヨーロッパ社会にも知られ、「SAKAI」の名が記された世界地図があったほどである。

「堺」の地名は摂津《せっつ》（現在の大阪府北中部）、和泉（同南西部）、河内（同東部）の国境上に位置することに由来する。大和（現在の奈良県）と結ぶ街道が通っていたことから、古来、陸上交通の要衝であった。

一方で沿岸部の地形は、文献に記述が少なく詳細はわかっていない。だが、船舶が座礁する可能性が低かったと考えられている。すなわち、当時の堺の沿岸部は、良港としての素地があったのである。

堺の地名は平安時代中期から文献に登場する。和歌には、堺浦での海水浴や漁をする様子が詠まれていることから、漁港であったことがうかがえる。また、熊野詣《くまのもうで》の宿駅があり、観光地としてもにぎわっていた。

鎌倉時代に入ると、和泉では寺院の梵鐘《ぼんしょう》などを鋳造する「丹南鋳物師《たんなんいもじ》」と呼ばれる職人集団が出現する。彼らは、出張で手に入れた地方の産物を堺で商っていたという。こうして堺は漁港から貿易港へと発展していくのである。

堺商人の経済力は、室町時代前期には武家勢力にとって無視できないものとなっており、南北朝の合一が果たされたあとも、しばしば堺津は争乱の舞台となった。1399（応永6）年の応永の乱では、守護大名の大内義弘《よしひろ》が堺に籠城して幕府軍と戦った。のちに自治都市としての象徴となる環濠《かんごう》が築かれたのも、このころとされる。

日明《にちみん》貿易で巨万の富を得た堺商人《さかい》

室町時代中期を迎えると、堺津が国際貿易港へと飛躍する契機が訪れる。1467（応仁元）年から始まる「応仁の乱」だ。乱により、日明貿易（勘合貿易）を推進する幕府の主要な外港であった兵庫津が、西軍の大内氏に占領されてしまう。これを機に幕府は遣明船の基地を堺津に移し、瀬戸内海を通って玄界灘《げんかいなだ》を抜ける航路から、四国と鹿児島沖を回る航路が主流になっていった。

日明貿易は１４０４（応永11）年から開始され、当初は数年おきに船が派遣されていた。しかし明側の姿勢が日本に朝貢を求めるものであったため、次第に頻度は低下。堺が幕府の拠点となったあとは、およそ10年に一度になった。ただし、このことは日本の対外貿易の停滞を意味するわけではない。日明貿易の中継地である琉球やマニラなどとの交易は、ほぼ毎年のように行なわれていた。

室町末期に成立した日本最古の海商法規集『廻船式目《かいせんしきもく》』では、当時の日本の主要港を「三津七湊《さんしんしちそう》」と定め、博多、安濃津《あのつ》、堺津が「三津」とされた。しかし明代の兵法書『武備志《ぶびし》』では日本の三津に堺は含まれず、代わりに薩摩（現在の鹿児島県西部）の坊津《ぼうのつ》の名が記されている。当時の中国で需要の高かった硫黄の交易基地が坊津であったからであろう。

この硫黄に加え、日本から明へは金や銅、刀剣、屛風《びようぶ》などが輸出された。一方で日本への輸入品は明銭や生糸、織物などである。とりわけ「洪武通宝《こうぶつうほう》」や「永楽通宝《えいらく》」などの明銭は、当時の日本では自国通貨を鋳造していなかったこともあり、貨幣経済の進展に大きく寄与した。

交易船の派遣を請け負う堺商人は、貿易で得られる利益の一部を前払いで受け取った。

国際拠点港湾のひとつである堺泉北港（堺旧港付近）。

その額は船1隻につき3000～4000
0貫（現在の貨幣価値で3億～6億5000
万円）であり、堺商人は巨万の富を築き上げていくのである。
堺といえば自治都市としても有名である。戦国時代の堺は「会合衆」と呼ばれる豪商によって運営され、津田《つだ》宗及《そうぎゅう》や今井《いまい》宗久《そうきゅう》、千利休《せんのりきゅう》といった商人たちが広く知られている。一般的に会合衆の人数は36人とされているが、実際の行政にあたったのは10人であった。当時のヴェネツィア共和国（ベニス）を運営していたのが「十人委員会」という統治機構であったことから、ポルトガル人宣教師のガスパル・ヴィレラは堺を「東洋のベニス」と自著で紹介している。

会合衆による自治は15世紀中ごろに始まった。当時の和泉は足利将軍家や朝廷、有力寺社の荘園などが混在し、堺商人は寺社の建立費用を寄進して、大名勢力の戦費を調達することで庇護《ひご》を受けた。この自治は織田信長や豊臣秀吉の干渉を受けるまで、およそ100年にわたって続くこととなる。

相次いで来訪する宣教師たち

戦国時代の日本では、鉄砲とキリスト教の伝来という重大事件が起こっている。どちらも堺津と深い関わりがある。

キリスト教は1549（天文18）年に来日したイエズス会宣教師フランシスコ・ザビエルによって日本にもたらされた。鹿児島に来航したザビエルは、山口を経て堺に向かい、京都では天皇との謁見《えつけん》を望むも叶わず、わずか11日の滞在で京都をあとにしたという。

堺の繁栄ぶりは、同地への来訪以前からザビエルの耳に入っていたようで、「帝国第一の市場」であり、「ポルトガル公使を駐留させるべき」と私見を述べている。ザビエルの日本滞在は2年4カ月ほどであったが、その後も前述のヴィレラやルイス・フロイスといった宣教師が相次いで堺に来訪した。

信長がキリスト教を保護したこともあり、その膝下《ひざもと》である安土では宣教師オルガンチノによりセミナリヨ（修道士の教育機関）が設置され、堺でも市の中央に聖堂が建立された。イエズス会との関係がより密になった堺では、ポルトガルやスペインとの南蛮《なんばん》貿易が加速していくのである。

堺を起点に鉄砲が全国へ普及

鉄砲は1543（天文12）年の伝来と伝わる。禅僧の南浦文之《なんぽぶんし》が慶長《けいちょう》年間に編纂した『鉄炮記《てつぽうき》』によれば、種子島《たねがしま》に来航した明船にポルトガル人が乗っており、種子島領主の種子島時尭《ときたか》は、彼らから2挺の鉄砲を1千両（現在の貨幣価値で約1億円）で購入。そのうちの1挺が、紀伊（現在の和歌山県）・根来《ねごろ》の僧兵である津田算長《つだかずなが》（一説にその弟の明算《みょうさん》）に譲られたことで、根来は国内でも有数の鉄砲の産地となった。

時尭が購入したもう1挺は、在地の刀鍛冶・矢板金兵衛《やいたきんべえ》によって1年がかりで複製された。遣明船の中継地であった種子島には堺商人も多く滞在しており、なかでも橘屋又三郎《たちばなやまたさぶろう》は金兵衛に弟子入りし、1～2年をかけて製法を学んだという。又三郎はその技術を堺に持ち帰り、即座に鉄砲の生産に着手。のちに彼は「鉄砲又」の渾名《あだな》で呼ばれることとなる。

こうして堺は、根来や近江（現在の滋賀県）の国友《くにとも》（別ルートで鉄砲が伝わったと考えられている）と並ぶ鉄砲の産地となるのだが、堺で特筆すべきは、ひとりの職人が部品の製造から組立まで行なうのではなく、工房ごとに部品を製造する分業制がとられていた点だ。大量生産された堺の鉄砲は、畿内はもとより東国諸国へも広く普及し、日本の合戦風景を一変させた。なお、日本の鉄砲保有量は16世紀末までにヨーロッパを超え、世界全体の半数を占めていたという。

ところで、鉄砲は当然のことながら火薬がなければ意味をなさない。当時の火薬は焔《えん》硝《しょう》（硝石、硝酸カリウム）、硫黄、木炭を5：3：2の割合で調合してつくられていた。このうち焔硝だけは国内で大量に調達することができず、大陸からの輸入に頼らざるを得なかった。

後世の堺環濠遺跡発掘調査では、硫黄の詰まった壺《つぼ》などが見つかっている。この壺は現在のタイでつくられ、日本への輸出時には焔硝《えんしょう》が詰められており、その後中身を入れ換えたと考えられている。鉄砲本体と弾丸、火薬という一式の入手が可能だったことも、堺の鉄砲が広く普及した一因といえるだろう。

信長《のぶなが》と秀吉、それぞれにとっての堺

日本への伝来当初は贈答品、あるいは狩猟に用いられていた鉄砲（鉄炮）を、兵器として誰よりも早く目をつけたのが信長であった。1568（永禄《えいろく》11）年に15代将軍・足利義《よし》昭《あき》を奉じて上洛した信長は、その見返りとして堺に代官を置くことを認めさせた。堺の経済力を取り込むのと同時に、鉄砲の大量確保が目的であったと考えられる。

信長の死後に政権を引き継いだ秀吉も堺に着目した。とはいえ、両者の堺への処遇には大きな違いがある。信長は堺を直轄化しながらも、引き続き、今井宗久や松井友閑《まついゆうかん》ら会合衆に運営を任せていた。

一方、秀吉は堺商人を強制的に大坂へ移住させ、1586（天正14）年にはその象徴である環濠を幅半分ほど埋め立ててしまう。なぜすべてを埋めなかったのかは不明だが、秀吉は堺を解体したうえでその経済力を大坂に取り込もうとしたのである。千利休など会合衆は豊臣政権でも重用されてはいたが、堺奉行には小西隆佐《こにしりゅうさ》や石田三成ら配下の武将が任じられており、商人による堺の自治は名実ともに終焉《しゅうえん》した。

移築された港で新たな歴史を刻む

「大坂夏の陣」では堺も戦場となり、およそ2万戸が焼失したという。その後は江戸幕府によって復興がなされたものの、経済規模は縮小を余儀なくされた。しかし、鉄砲製造で培《つちか》われた金属加工技術は連綿と受け継がれ、堺では新たに包丁などの特産品が生まれた。

江戸時代になっても、堺津は引き続き国際貿易港として機能していたが、1704（宝永元）年を境にその景観は一変する。氾濫《はんらん》することの多かった大和川の河口を、幕府が堺のすぐ北へと付け替えたことが原因だ。掘削された土砂は沿岸の埋め立てに用いられ、南島新田などの新地が生まれた。その一方で沿岸部の水深は浅くなり、港は埋立地の西へと移築された（堺旧港）。

近代の堺は、1936（昭和11）年に臨海工業地帯としての整備が開始され、戦後は製鉄所の立地などもあり、1969（昭和44）年に隣接する泉北港と統合された。現在は堺泉北港として阪神工業地帯の一角を担うとともに、九州などとを結ぶ定期航路の拠点になっている。

堺旧港の跡地に立つ旧堺燈台《とうだい》は1877（明治10）年に設置された日本最古の木製灯台であり、周辺の再開発が進んだ今日も堺のシンボルとなっている。また近年では、人工干潟の整備による環境再生の港、基幹的広域防災拠点の港という役割も、堺泉北港は担っている。

坊津《ぼうのつ》――「日本三津」にも数えられた

日本と大陸を結んだ3つの航路

坊津は、あいにくとこれまで訪れる機会がなかった。そのためか、興味をそそられている港でもある。調べてみると、同時期の港に負けず劣らず、にぎわっていたことがわかってきた。

薩摩半島の南端に位置する南さつま市は、2005（平成17）年に加世田《かせだ》市、笠沙《かささ》町、大浦町、金峰《きんぽう》町、坊津町が合併して誕生した。市南西部に位置する坊津町にはリアス海岸が延び、北から秋目《あきめ》浦、久志《くし》浦、泊《とまり》浦、坊浦という4つの入江が並んでいる。いずれも透明度の高い海に面した景勝地だ。

古い映画のファンなら、1967（昭和42）年公開の007シリーズ『007は二度死ぬ』が日本で撮影されたことはよくご存知であろう。この作品は東京のほか、当時の坊津町もロケ地となり、撮影が行なわれた秋目浦の記念碑には、ジェームズ・ボンド役のショーン・コネリーとタイガー田中役の丹波哲郎《たんばてつろう》のサインが刻まれている。

この記念碑の近くに、日本史のある重要な出来事を伝える碑が建っている。そこに刻まれた文言は「鑑真《がんじん》大和上湊滄海遥来之地」——日本に仏教の戒律を伝え、仏教文化の発展に多大な功績を残した鑑真《がんじん》は、この坊津で初めて日本本土の地を踏んだのである。

なお、坊津という地名は、583（敏達天皇12）年に百済の僧侶・日羅《にちら》がこの地に建てた一乗院《いちじょういん》の坊舎に由来するとされる。

唐からの帰化僧である鑑真は、日本の遣唐使が帰国する際の船に便乗し、754（天平勝宝《てんぴょうしょうほう》6）年に来日した。遣唐使の派遣は630（舒明《じょめい》天皇2）年から始まり、菅原道真《すがわらのみちざね》の建議により廃止される894（寛平《かんぴょう》6）年まで19回にわたって行なわれている。鑑真を日本に連れてきた使節団は第12次遣唐使である。

遣唐使船の航路は時代とともに変遷しており、当初の遣唐使船は難波津から瀬戸内海を抜けて大津浦（現在の博多港）に寄港。その後は朝鮮半島の海岸線に沿うように黄海《こうかい》を北上し、山東半島《さんとう》の登州《としゅう》から黄河《こうが》をさかのぼって都の長安へと入った。この航路を「北路」という。

しかし、663（天智天皇2）年の「白村江の戦い」を機に日本と新羅の関係が悪化すると北路は使えなくなり、代わって「南島路」と「南路」が新たに用いられるようになる。南島路をとった船は長崎の五島《ごとう》列島から九州沿岸を南下、南西諸島に寄港しながら東シナ海を横断し、長江《ちょうこう》（揚子江《ようすこう》）河口を目指した。かたや南路は五島列島からそのまま西進し、最短距離で長江河口部を目指すルートである。

大海の真ん中を横断する南島路と南路は航海の日数を短縮できるが、朝鮮半島の近海を進む北路に比べて遭難の危険度は高い。寄港地が多く、比較的安全とされる南島路においても遭難は決して珍しくなかった。

航路の様子を記した『日本書紀』や『古事記』には坊津の名は見られない。これについては後述する。

幾度もの苦難の末に坊津《ぼうのつ》へ漂着した鑑真《がんじん》

鑑真を乗せた船もまた、幾度もの危機に直面した。そもそも鑑真は743（天平15）年を皮切りに、都合7度にわたって日本への渡航を計画している。あるときは暴風雨により遭難し、またあるときは渡航計画が役人に露見し（高僧である鑑真の出国を唐王朝は認めていなかった）、6度の渡航はすべて失敗に終わった。心身にかかる負担により、鑑真は両目を失明してしまう。

無事に日本への渡航を果たした7度目も、当初の行程どおりに事が進んだわけではない。当時の遣唐使船は4艘1組で構成されていたが、大使の藤原清河《きよかわ》と、すでに唐の役人となっていた阿倍仲麻呂《あべのなかまろ》を乗せた第1船は、沖縄本島までたどり着いたものの、その後の暴風雨で現在のベトナムへと漂着。2人はそのまま唐への帰還を余儀なくされ、日本の地を踏むことは叶わなかった。

その後、鑑真と副使の大伴《おおともの》古麻呂《こまろ》を乗せた残りの船は、南西諸島近海を漂流しながら航海を続け、どうにか九州南端の秋目浦に漂着する。一行は北上して太宰府に入り、朝廷のある大和への来訪を果たすのである。

さて、文献における坊津や秋目浦の扱いだが、これらの地名は鑑真の足跡を記した『唐《とう》大和《だいわ》上東征伝《じょうとうせいでん》』にしか見られない。すなわち遣唐使船の寄港地としての坊津の整備は、鑑真以降に進んだと考えられる。

加えて余談になるが、坊津は前述したイエズス会の宣教師フランシスコ・ザビエルが、1549（天文18）年に初めて日本本土に上陸した場所でもある。来日の記念碑は、鹿児島市にはあるものの、より縁の深い坊津にはない。

薩摩《さつま》が貿易の中継地・琉球《りゅうきゅう》王国を征服

時代は下って15世紀に入ると、室町幕府により日明貿易が開始される。当時の日本からの輸出品は硫黄や銅などの鉱物や刀剣、扇などである。明ではとくに火薬の原料となる硫黄の需要が高く、最大の輸出品となった。

硫黄は火山活動によって生成されるため、霧島《きりしま》火山帯に属する南西諸島、なかでも「鬼《き》界《かい》ヶ島」は有力な産地であった。この鬼界ヶ島は現在の硫黄鳥島《いおうとりしま》（沖縄県久米島町《くめじまちょう》）、あるいは喜界島《きかいじま》（鹿児島県喜界町）であるとみられている。

遣明船には1回の派遣につき数十トンもの硫黄が積み込まれたという。前述した明代の兵法書『武備志』では、坊津を博多津、伊勢の安濃津と並ぶ日本の「三津」に定めている。日明貿易の主要な港として、日本では堺がよく知られているが、中国では硫黄の輸出基地である坊津のほうが有名だったのかもしれない。

幕府主導で行なわれていた日明貿易は、1467（応仁元）年の「応仁の乱」を契機として、次第に有力大名の私貿易へと変質する。なかでも薩摩を本領とする島津氏は、領国に平地が少なく農業生産力も低かった。国の財政は対外貿易に頼るよりほかなく、ポルトガル人の領国への来訪を喜ぶ15代当主・島津貴久《たかひさ》の言葉が伝わっている。

島津氏の南蛮貿易や東アジア貿易では、琉球王国（現在の沖縄県）が中継地となった。当初、島津氏と琉球の関係は対等であったが、貴久の子・義久が薩摩、大隅《おおすみ》（現在の鹿児島県東部）、日向《ひゅうが》（現在の宮崎県）の3カ国を支配下に置いた1577（天正5）年ごろから、高圧的な姿勢になっていく。義久は倭寇《わこう》（海賊）の排除を名目に発行した朱印状を持たない船との交易の禁止を琉球に求めた。

国土が小さく、自由貿易の原則に基づく中継貿易に立脚していた琉球にとって、この要求は死活問題である。両国の関係は悪化し、1609（慶長14）年に島津軍が琉球へ侵攻。琉球は薩摩藩の属国となるのである。なお、琉球は明、次の王朝である清とも冊封《さくほう》体制（朝貢してきた君主に中国皇帝が爵位などを与え、君主にその土地の統治を認めること）を維持し続けた。

薩摩の貿易拠点・坊津

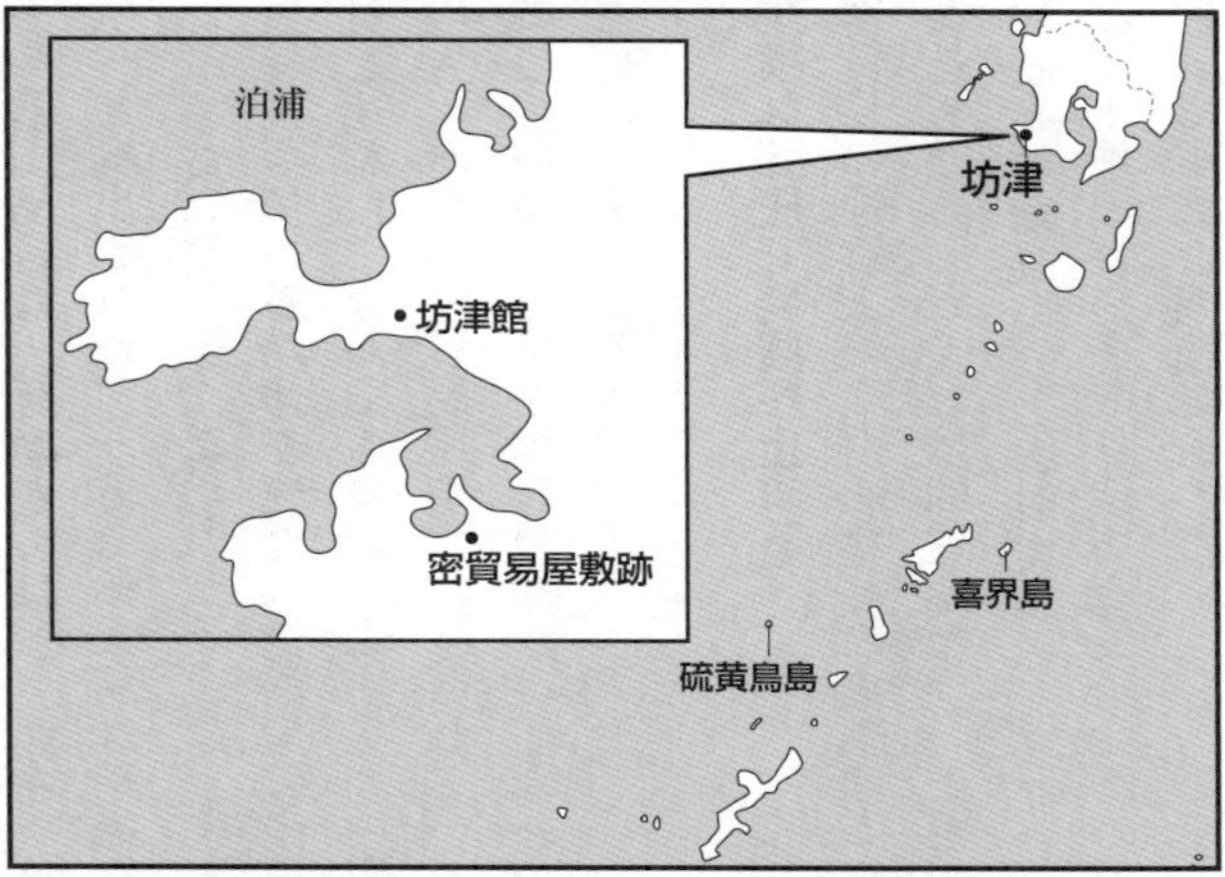

薩摩半島西岸に位置する坊津。波の穏やかな湾が広がる。

密貿易で財を蓄える

日本では1639（寛永《かんえい》16）年に鎖国体制が完成する。貿易相手国は明（明の滅亡後は清）、オランダ、琉球の3カ国のみとなり（アイヌとの交易も行なっている）、外国船の入港も幕府の直轄地である長崎に限定された。

明、琉球との交易に限っては、幕府の許可を得たうえで薩摩藩も行なっている。中継貿易である琉球貿易は、取引品目や年間の貿易限度額の上限が定められており、それを超えた分が「抜け荷」、すなわち密貿易にあたる。薩摩藩は江戸時代を通じて、この密貿易で富を蓄えるのである。

主な取引品目は、薩摩からは銀、昆布、いりこ（海産物を干したもの）などが琉球を介して明へと輸出された。一方で輸入品は絹織物、陶器、生糸などである。とくに絹や陶器は「唐物《からもの》」と呼ばれ、大きな利益をもたらしたという。

貿易拠点である坊津や鹿児島湾沿岸の山川《やまがわ》の周辺には、抜け荷で財を築いた商人の屋敷が軒を連ねた。なかでも豪商・森吉兵衛《もりきちべえ》の屋敷である倉浜荘《くらはま》は今も坊津に残っており、地元の人々から「密貿易屋敷」と呼ばれている。まるで忍者屋敷のようなネーミングだが、実際この屋敷には扉を壁に見せかけるなどのカラクリが施されている。抜け荷の発覚を防ぐための工夫であろう。

大規模な弾圧で発展が止まる

密貿易の性質上、取引額などの実態は不明な部分が多いが、琉球貿易が薩摩藩に莫大な利益をもたらしたことは間違いない。ただし、幕府から無制限に認められていたわけではないことは前述したとおりである。不正に仕入れた唐物（中国製品）が長崎に卸《おろ》されることは、正規の貿易を取り仕切る長崎会所の利益が圧迫されることにつながる。これは幕府にとって重大な問題であった。

幕府は江戸時代を通じて断続的に貿易統制を実施しており、なかでも1722（享保7）年に行なわれた薩摩藩内の密貿易の弾圧は、坊津に大打撃を与えた。のちに「享保の唐物崩れ」と呼ばれるこの事件では、幕府の大規模な手入れにより藩内の商人や船舶所有者が軒並み摘発され、坊津を追われたという。貿易港としての坊津の発展は、こうして終止符が打たれたのである。現在の坊津は、漁業中心の静かな港町となっている。

それでも薩摩の密貿易は続く

話を江戸時代に戻そう。結論からいえば、弾圧を受けても薩摩藩が密貿易から手を引くことはなかった。薩摩藩は農業生産力が低いことに加え、「蘭癖《らんぺき》大名」と揶揄《やゆ》された25代当主・島津重豪《しげひで》の散財で莫大な借金を抱えており、高額商品である唐物の売買を止《や》めることなどできなかったのである。文政年間（1818〜1830）の藩の負債総額は500万両に達したという。一方で産業収入は年間14万両。つまり歳入の35倍以上もの負債を抱えていたことになる。

財政問題を解決するため、家老に抜擢されたのが調所広郷《ずしょひろさと》である。広郷は莫大な負債を250年払い、しかも無利息で返済すると一方的に宣言する。無論、債権者である商人からは非難を浴びたが、調停役となる幕府首脳には賄賂《わいろ》を贈っており、お咎《とが》めはなかったという。

事実上の借金踏み倒しに加えて、広郷は南西諸島で採れる砂糖の専売を強化し、さらに貿易規制の緩和にも奔走する。当時の薩摩藩の密貿易をめぐっては幕閣内でも議論が紛糾し、密貿易を認めることは鎖国体制の崩壊につながるという意見が出る一方、貿易の停止は清への朝貢を行なっていた琉球を見捨てることになり、東アジア諸国からの信頼を失うという大義名分論も上がっていた。

結局、当時の幕閣は琉球貿易の停止という決断を下すのだが、薩摩藩が手を引くことはなく、その利益をもとに幕末には雄藩として飛躍するのである。

安濃津《あのつ》——神宮への信仰をもとに発達

神宮への年貢輸送から発展した港

港の成立には、貿易、商業、漁業などさまざまな活動が背景にあるが、なかには宗教施設を中心に都市が成立し、多くの供物《くもつ》や参拝者が集まることで交通の要衝となった港も存在する。津《つ》港をはじめとする伊勢の諸港はその好例といえよう。

古代から伊勢（現在の三重県）では、天皇家の祖として崇《あが》める天照大神《あまてらすおおみかみ》を祀《まつ》った神宮（伊勢神宮）が鎮座することにより、伊勢湾の沿岸部を中心に陸海の交通網が大きく発展した。

伊勢神宮は全国各地に直轄の神領をもち、現在の伊勢市内を流れる宮《みや》川の河口に位置する大湊《おおみなと》をはじめ、神領からの年貢の荷受け港が伊勢湾に築かれる。とりわけ現在の津市に存在した安濃津（阿野津）は、前述したように兵法書『武備志』に、薩摩の坊津、筑前の博多津とともに「日本三津」と記されるほどよく知られていた。

安濃津があったとされる場所は、現在の津市内の海浜公園がある柳山津興《やなぎやまつおき》から、御殿《ごてん》場《ば》海水浴場などがある藤方《ふじかた》にかけての範囲と推定されている。というのも、今では砂浜が広がっているからだ。

また、伊勢湾の西沿岸部には神宮へと至る伊勢街道が延び、安濃津からは近畿地方の内陸を経由して大阪方面へと至る伊勢別《いせべつ》街道が分岐している。つまり安濃津は、都と神宮の両方にアクセスするうえで利便性が高い立地だったことも、発展を後押ししたのである。

現在の津港は、岩田《いわた》川河口の右岸のヨットハーバーに加えて、左岸は「津なぎさまち」として中部国際空港への海上アクセスの拠点にもなっている。

伊勢《いせ》湾と奥州の間を航行

平安時代後期の11世紀、桓武平氏の平維衡が伊勢守に任じられ、これ以降、安濃津、桑名、白子《しろこ》など伊勢湾の諸港は、同地を地盤とする伊勢平氏の勢力下となる。

時の右大臣・藤原宗忠《むねただ》の日記『中右記《ちゅうゆうき》』には、1096（嘉保《かほう》3）年12月、安濃津の民家多数が地震と津波により被災したと記されている。このことから、当時は相当数の民家が立ち並ぶ「みなとまち」が形成されていたようだ。さらに、1118（永久《えいきゅう》3）年3月には、神宮に仕える安濃津の御厨神人《みくりやじにん》が遠江《とおとうみ》（現在の静岡県）での訴訟に参加したとの記述があり、安濃津の海運関係者が東海地方も活動域としていたことがうかがえる。
1196（建久《けんきゅう》7）年には、神宮に仕える者たちを統括する御厨刀禰《とね》のもと、安濃津の御厨神人には、神宮から自由に海上を航行して諸国の港に寄ることを保障されるとともに、供祭《ぐさい》の義務が課されたとの記録がある。供祭とは各地の神領からの年貢である上分《じょうぶん》米《まい》を輸送することであり、そのために使われた船は「御籾船《おもみぶね》」と呼ばれた。

伊勢の諸港

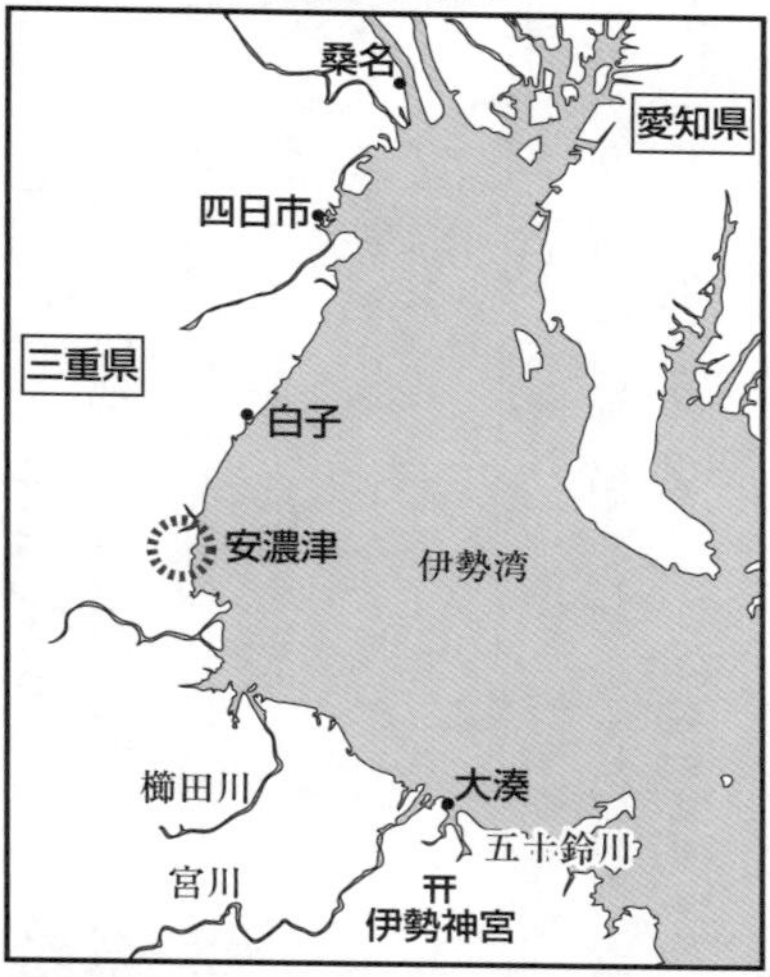

神宮の年貢の荷受け港や尾張を行き来する船の寄港地などがあった。

果たして、当時の海上の通行量と船舶の規模はどの程度のものであったろうか。源平合戦の時期である1181（治承5）年の記録によれば、伊勢湾で尾張《おわり》（現在の愛知県西部）に出船した数は45艘、このうち水手《かこ》（船員）18人の船が2艘、17人の船と16人の船が各1艘とある。中世の安濃津の港の形状や大きさを正確に知ることはできないが、この時代としてはかなりの大型船が往来していたのは確実であろう。

安濃津を中心に伊勢湾で海運業に関わったのは、神宮の御厨神人だけではない。商人や漁民も活動していた。奥州藤原氏の拠点として栄えた平泉《ひらいずみ》（現在の岩手県平泉町）の遺跡からは、尾張でつくられた常滑焼《とこなめやき》も出土しており、12世紀には伊勢湾と奥州の間を船が往来していたことがわかる。

海上の戦国時代

中世の安濃津は、神宮領として年貢の負担が免除されていた。鎌倉時代末期の元徳《げんとく》年間（1329〜1331年）に成立した『安東郡専当沙汰文《あんとうぐんせんとうさたぶみ》』には、「安濃津市」に関する記述があり、かなりの規模の港湾都市が成立していたとみられる。15世紀前半、室町幕府4代将軍・足利義持《よしもち》、6代将軍・義教《よしのり》が伊勢に参宮した際に安濃津に立ち寄ったおりには、4〜5千軒を数える街並みであったという。

伊勢湾では、朝廷に食料を送り届けるかたわらで自由な商業活動を許された供御人《くごにん》、伊勢で神宮よりも南方にあった熊野大社の神人《じにん》（神社に奉仕する身分の者）なども海上交通に携わっている。彼らと神宮の神人は、航路や寄港地をめぐってたびたび衝突した。輸送される米や海産物などを奪おうとする海賊も多発している。

15世紀の後半になると、伊勢から志摩《しま》にかけて、守護職の一色《いっしき》氏、国司の北畠《きたばたけ》氏、国人の長野《ながの》氏、志摩を地盤とする九鬼《くき》氏などが入り乱れ、次第に神宮の権威を後ろ盾とした神人による伊勢湾の航行の自由は揺らいでゆく。

伊勢街道では各勢力が通行料の徴収を目的として関所を乱立したのに同じく、海上でも各勢力が支配下の港に警固関《けいごせき》を築き、寄港や航行にあたって警固料を徴収する代わりに通行証となる札を発行し、札を所持しない船は拿捕《だほ》するようになった。まさに伊勢湾における「海上の戦国時代」の到来である。

1481（文明《ぶんめい》13）年の記録によれば、神宮の外宮《げくう》に米を輸送する大廻船は36艘となっているが、同年は20艘しか寄港できなかったとあり、神宮以外の勢力が伊勢湾沿岸に設置した警固関に捕まってしまったと考えられる。神宮は北畠氏や長野氏らに対して安濃津などの警固関の停止を求めたが、容易に改善されなかった。

こうした状況が続いていたなか、1498（明応《めいおう》7）年に東海地方を襲った明応地震によって安濃津は壊滅的な打撃を受け、港としてはすっかり衰退してしまう。連歌師の宗《そう》長《ちょう》は、1522（大永2）年に伊勢に参宮した帰途に安濃津を通り、同地が荒野となっていると『宗長手記』に書き残している。

「伊勢参り」の流行と近世の伊勢湾海運

しかし安濃津の壊滅後も、伊勢湾の港の発展は続いた。神宮への玄関としての機能がそうさせたのだ。中世を通じて世俗化の進んだ神宮門前の宇治山田《うじやまだ》では、庶民の参宮も増えていく。

江戸時代に入ると、参勤交代のため各地の街道と宿場が整備され、各地の町人や農民の間で伊勢参りが広まる。江戸からの参宮の場合、尾張の熱田《あつた》まで来ると、対岸の桑名まで「七里の渡し」と呼ばれた海路で伊勢湾を渡るのが通例であった。熱田には、この航海の安全のため設置された常夜灯が現在も残っている。

神宮に関連した水上交通の発達でもうひとつ無視できないのが、河川の利用だ。神宮の敷地は宮川とその支流の瀬田《せた》川や五十鈴《いすず》川に面している。これらの河川は神宮で使われる材木や参拝客などの輸送にも活用され、瀬田川沿いで内宮《ないくう》の北にある河崎《かわさき》には、川船で運ばれてきた品々の集まる問屋街が形成された。

中世から近世の伊勢湾では、神宮への供物の取り扱いから廻船業者や問屋、市座商人が発達してきた。こうした「伊勢商人」は、江戸時代になると江戸へ進出し、大坂商人、近江商人と並ぶ全国的な海運流通網を築いていく。伊勢商人が扱った商材のひとつが木綿であり、白子はその積み出し港として発展する。

神宮のすぐ手前に位置する大湊は、特定の領主に属さない自治体制をもつ港湾都市であった。神宮への荷受け港としてだけでなく、室町時代から江戸時代にかけて伊勢湾を中心に使われた大型荷船、軍船の造船によって栄える。

江戸時代後期、宮川河口の土砂堆積などにより水深が浅くなり、大湊は大型船の停泊には不向きとなったため、伊勢湾での主要港としての地位を、桑名、白子、四日市などに譲ることになる。しかし、造船業は衰えることがなかった。かねてより優秀な船大工や釘類を供給する船鍛冶が集まっていたことに加え、伊勢湾の北に位置する名古屋や南に位置する新宮《しんぐう》（現在の和歌山県新宮市）などから船体の材料となる木材の供給が容易であった点などが有利に働いたといえる。

大湊における造船業の成長は、明治維新後から昭和期まで続いた。1912（明治45）年に白瀬矗《しらせのぶ》が南極探検に使用した「開南丸《かいなんまる》」は、木造漁船の「第二報効丸《ほうこう》」を改造したものであるが、この第二報効丸は大湊の市川《いちかわ》造船所で建造されている。

長崎《ながさき》——明治維新の立役者たちが集う

古くから世界に開かれていた沿岸

長崎といえば、戦国時代に西欧人が来航してキリスト教を広め、幕末まで西洋への窓口となった貿易港という印象が強い。だが、それより前の平安時代から鎌倉時代にかけて、現在の長崎県の沿岸部は海外に開かれた港として発達していた。

九州西部に位置する長崎は、朝鮮半島や大陸に渡航しやすい立地に加え、平地が少なくリアス式海岸と島が多い地形であったため、古くから海上交通が盛んであった。

壱岐、対馬に近い平戸《ひらど》一帯は、13世紀ごろから武士団の松浦党《まつらとう》が幕府非公認の私貿易や海賊行為を活発に行ない、平戸の港には当時の中国や東南アジアの商人もたびたび到来した。1550（天文19）年には初めて平戸にポルトガル人が訪れる。仲介したのは、松浦氏と交流のあった明の密貿易商人・王直《おうちょく》だったといわれる。つまり、ポルトガル人との接触も日明間の私貿易の延長にあったのだ。

ポルトガル人は平戸で交易とキリスト教の布教をはじめたが、仏教徒との衝突などから

南下した貿易港

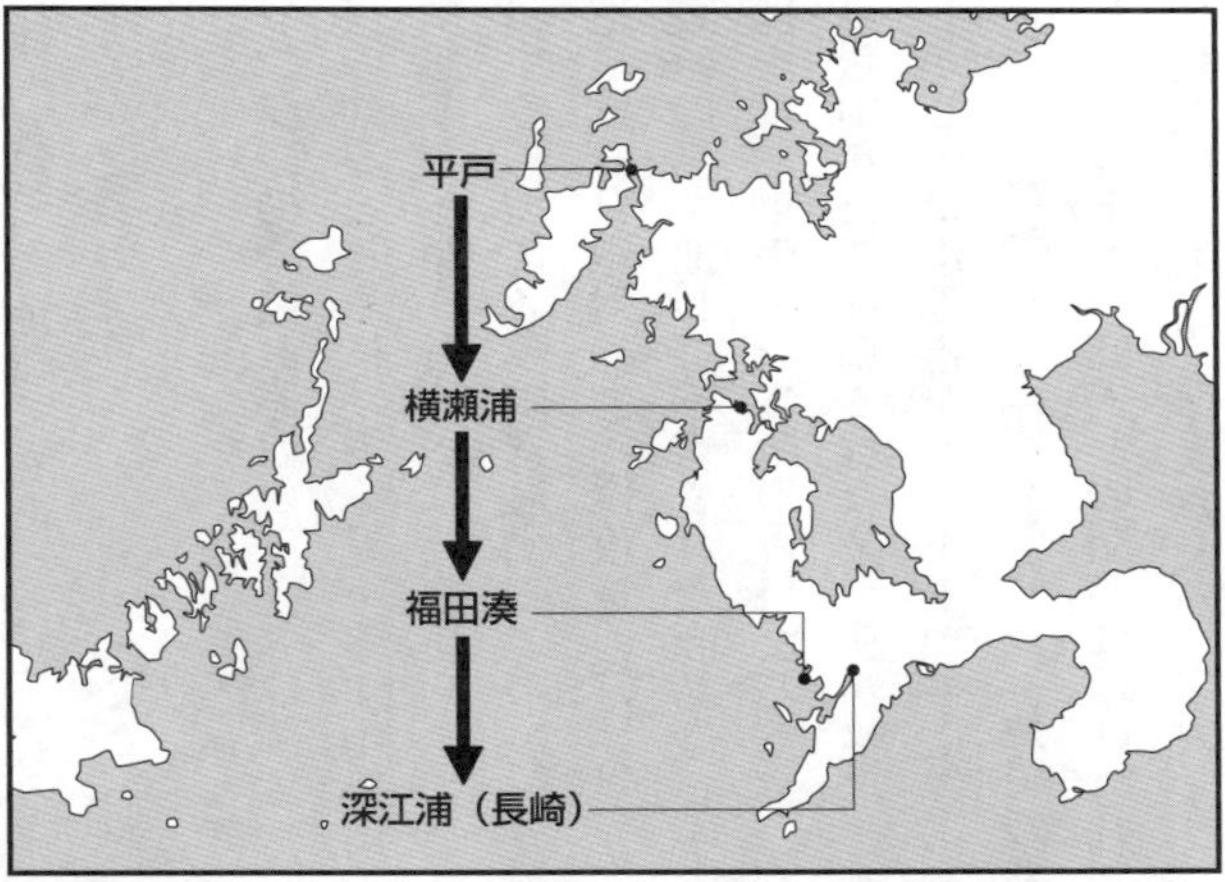

布教活動や立地などの問題の末、貿易港は長崎の地となった。

松浦氏との関係が悪化する。肥前（現在の長崎県と佐賀県の一部）を地盤とする大《おお》村《むら》純忠《すみただ》は、交易による財政基盤の強化をはかり、キリスト教に改宗してポルトガル人に協力。平戸より南の横瀬浦《よこせ》に新たな港が築かれた。その後もキリスト教の布教を嫌う勢力による妨害が頻発し、続いて福田《ふくだ》湊が開港されたが、波浪が厳しく船の停泊には不向きだった。

　ポルトガル人は測量を重ねた末、西彼《にしその》杵《ぎ》半島に沿った細長い湾の奥にある深江《ふかえ》浦の水深が十分にあり、波風を避けるのにも最適だと判断。深江浦は長い半島の岬にあるため「長崎」と呼ばれ、純忠の娘婿であり、大村氏配下の長崎氏（長崎甚左衛門純景《じんざえもんすみかげ》）の地盤でもあった。1571（元亀2）年に港が築かれて以降は、長崎という地名が定着してゆく。

キリシタンの集住と追放

港の建設とともに、港を見下ろす中島川《なかしま》の河口近くにキリシタンの居住地が築かれ、平戸や博多などから追放されたキリシタンが集まる。純忠はこの街区をポルトガル人宣教師が属するイエズス会に寄進する。ポルトガル人との貿易による利権を確保するとともに、龍造寺氏など敵対勢力の侵攻を退《しりぞ》けるためだ。

長崎の港を通じて輸入された商品は、中国の生糸や絹織物、漢方薬、西欧人の仲介で持ち込まれた東南アジア産の香料などだ。一方、日本からは漆器や宝飾品、刀、佐渡《さど》金山や石見《いわみ》銀山などで採掘された金や銀が輸出されている。

しかし、豊臣秀吉が九州を支配下に置いたことで状況は変化する。秀吉は1587（天正15）年にバテレン追放令を発し、長崎の港と街区を公領にして教会を破壊したのだ。ただし、ポルトガル商人との交易は続けられ、キリシタン住民の自治も黙認された。

17世紀に入ると、イスパニア（スペイン）、イギリス、オランダなどの船も日本に来航し、1609（慶長14）年には、平戸にオランダ商館が築かれた。

江戸幕府は豊臣氏と同じく長崎を直轄地としてキリスト教の布教を制限するが、貿易の許可証となる朱印状を与えた船のみ交易を許す朱印船貿易を続けた。長崎の港は東南アジアまで含む広大な東シナ海交易圏の要衝となり、フィリピン、ベトナム、タイなどへ向かう朱印船の出発地として大いににぎわった。

ところが、貿易を奨励していた徳川家康《いえやす》が1616（元和《げんな》2）年に死去して以降、幕府はキリスト教の布教禁止を徹底するため、鎖国の方針に傾いていく。

鎖国から開国へ

1635（寛永12）年には日本人の海外渡航が禁止され、外国船の寄港地は長崎のみとされた。幕府は長崎の中島川河口に面した岬の先端に、広さ3969坪（東京ドームの約3分の1の面積）の出島《でじま》を築き、ポルトガル人を隔離する。

ポルトガル船の来航は1639（寛永16）年に禁止され、ヨーロッパ諸国ではキリスト教の布教に消極的なオランダのみ、日本との交易が許された。出島にいたポルトガル人も追放され、入れ替わりに1641（寛永18）年に平戸のオランダ商館が移転してくる。こうして長崎のみを寄港地に指定した制限貿易が確立される。中国王朝である明や清から訪れた商人の多くはキリスト教徒ではないため、港に隣接する市街地での居住を許され、崇《そう》福《ふく》寺などの中華寺院は交易商人の交流の場ともなった。

江戸時代後期になると、長崎での貿易商材も変化していく。国内での生糸生産が増加したため生糸の輸入は減り、代わりに琉球や東南アジア産の砂糖が多く入ってきた。一方、日本からの金や銀の輸出は各地の鉱山の産出量低下とともに減り、俵物《たわらもの》（ナマコ、干しあわび、昆布などの海産物の加工品）が清へ輸出された。

オランダとの貿易では、引き続き漆器や陶器が輸出され、東南アジア産の香料や毛皮などのほか、西洋の技術でつくられた医療機器やガラス製品などが輸入される。同時に長崎の港は蘭学《らんがく》、すなわち医学や天文学といった西洋文化の窓口でもあった。

幕末期、アメリカ海軍提督ペリーの来航をはじめとする列強のアジア進出に直面した幕府は、1855（安政2）年にオランダ人船員を講師とする長崎海軍伝習所を設置し、西洋式帆船の建造や航海術を学ぶ場とした。これが日本の近代海軍の礎となっていくのである。

1858（安政5）年に幕府が欧米各国と修好通商条約を結んだのち、箱館（函館）や神奈川（横浜）とともに長崎も開港した。幕末期の横浜港は当時の日本の最大の輸出品だった生糸を商材とすることで発展したが、長崎では貿易商の大浦慶《おおうらけい》によって、日本で初めて年間1万斤《きん》（6トン以上）もの茶が輸出されている。

港に隣接する長崎市街には外国人居留地が建設され、倒幕志士に武器を提供したイギリス人のトーマス・グラバーなど、多くの欧米の商人が集まった。そのため、最新の西洋の情報や技術、さらには商機を得ようと、福澤諭吉《ふくざわゆきち》、土佐藩の商務を担当した岩崎彌太郎《いわさきやたろう》、坂本龍馬《さかもとりょうま》のほか、薩摩・長州の志士らが出入りすることになる。

港湾の近代化の一方で漁港としても発展

明治維新後、国際貿易の中心地は、大都市である東京に近い横浜と、大阪に近い神戸へと移っていく。しかも、長崎港は中島川河口に土砂が堆積して水深が浅くなっていたため、湾内に入った大型船は接岸できず、上陸や荷運びには小型の船であるハシケを使用しなければならなかった。そこで、新政府はオランダ人技師のデ・レーケに長崎港の改修計画を依頼し、明治時代中期から段階的に改修工事を進める。

まず、1893（明治26）年までの第1次港湾改修工事では、中島川河口の土砂を浚渫し、出島の奥にあたる大波止《おおはと》、大黒町《だいこく》などが埋め立てられて市街地が拡張された。長崎市は予算の獲得に苦戦したが、1905（明治38）年までの第2次港湾改修工事で、かつての出島の周囲は完全に埋め立てられて市街地と地続きになる。浚渫によって水深も拡張され、1924（大正13）年までの第3次港湾改修工事の結果、8000トン級の大型船を2隻以上接岸することが可能になった。

幕末期には、長崎鎔鉄所を前身とする長崎造船所が築かれていたが、1887（明治20）年に三菱《みつびし》に払い下げられ、30万トン級のドックを備える大工場が築かれた。このドックは軍港の佐世保《させぼ》とともに発展し、昭和期には戦艦「武蔵《むさし》」が建造されている。

近代以降、民間の漁船にも動力機関が備えられたことによって遠洋漁業が広まるのだが、長崎港もアジやサバなどが豊富な東シナ海や黄海への漁業基地として発展する。長崎県の漁獲量は北海道に次いで全国2位（2016年時点）である。

もうひとつの長崎港の立地上の利点は、古代からそうであったように大陸との近さだ。1923（大正12）年には、長崎と上海《シャンハイ》を週2回往復する日華連絡船が就航して戦時中まで運航され、平均して70％以上という高い乗船率を誇った。

2010（平成22）年には、「長崎港松《まつ》が枝《え》国際ターミナル」が新たにオープンし、10万トン級の客船が接岸可能となっている。中国などからの外国人観光客の増加とともに、クルーズ客船の入港は年間200隻近くにおよんでいる。

また、長崎は名前のついた坂道が多く、その中には長崎湾に向かって〝海と船が見える坂道〟となっているものもある。2006（平成18）年に行なわれた「長崎さるく博」は、現在のまち歩きの先駆けともいえるイベントだった。私も、長崎さるく博の地図を片手に長崎のまちを歩いたものだ。

下田《しもだ》――日本で初めて居留地が置かれる

江戸と大坂を結ぶ太平洋岸の「風待ち港」

下田は伊豆半島の南端に位置するため、東京近郊から陸路で訪れるには遠く感じる。鉄道がない時代であればなおさらだ。しかしながら、海路においてはそうではなく、江戸時代の下田は幕府や商人にとって重要な港であった。

幕末期、神奈川（横浜）や兵庫（神戸）に先立ち西洋列強に対して開港されたのが下田港である。下田は江戸に近く、伊豆半島の先端からやや東の小さな湾内に位置する。江戸時代、西廻り航路で大坂を出発した廻船が江戸を目指す場合は、紀伊半島を回って鳥羽《とば》に出ると、順風ならば伊豆までは1日の行程であった。だが、その間の遠州灘《えんしゅうなだ》から御前崎《おまえざき》は、冬場には西風が強くて海が荒れる難所だ。途中で一時的に避難するにも、伊豆半島南端の石廊崎《いろうざき》は暗礁が多い。このため、下田が荒天時の避難港に使われるようになり、良好な風を待って出港する「風待ち港」として活用された。反対に、東廻りで江戸に入る場合も、房総半島の南端である野島崎《のじまざき》を回ってそのまま江戸前の海洋を進むのは潮流から困難であるため、一度下田に入ってから東へ進むほうが無難であった。このように、下田は江戸の表玄関だったのである。

黒船来航の前史ともいえる近世の下田の発展は、1616（元和2）年、幕府が同地を直轄支配する下田奉行を設置したことに始まる。これは、江戸に入る廻船が武器や禁制の物品を運んでいないか積荷改《つみにあらため》（臨検《りんけん》）を行なう機関である。

加えて、これに前後する時期から、伊豆半島内の湯ヶ島《ゆがしま》、瓜生野《うりゅうの》、土肥《とい》などでは金山の開発が本格化し、大量の金が下田から積み出された。さらに、江戸城の改築のため伊豆半島で切り出された石材も下田から大量に積み出され、最盛期には下田からは、年間300０艘もの船が江戸へと出航していたといわれる。

幕府の提案で浦賀《うらが》の代わりに開港

17世紀当時の下田の街は、多数の廻船が寄港することで大いに栄えたが、江戸より東から来る船舶の積荷改が困難であった。1721（享保6）年には下田奉行の機能が浦賀に移転。下田は寂れてゆく。

しかし、120年後の1842（天保13）年、下田奉行が再設される。日本の近海に西洋列強の船舶が現われるようになり、江戸に近い下田がふたたび重要性をもつようになったためだ。こうした状況下で、1853（嘉永6）年、アメリカ海軍の東インド艦隊を率いるペリーが浦賀に来航する。翌年に再来したペリーは江戸幕府に対して通商を訴え、まず開港場をつくることを要求した。

このとき幕府が提示した開港場の候補は、長崎のみであった。幕府は異国人とのトラブルを避けるため、なるべく江戸から離れた場所を開港場としたいことがうかがえる。ところがペリーは、長崎がアメリカの通商ルートから外れているとして、神奈川か浦賀、ほかに松前（蝦夷地）と琉球の開港を迫る。対して幕府は、松前と琉球が遠隔地で管理が難しいことを理由に難色を示す。そして交渉の末、松前ではなく同じ蝦夷地の箱館（函館）と、浦賀に近い下田の開港が決まった。

かくして、1854（嘉永7）年に「日米和親条約」が結ばれ、開港した下田と箱館でのアメリカ人が上陸できる範囲や、物品の購入などについての細則が定められる。下田で幕府側とペリーの交渉の場となったのは、初代下田奉行の今井正長《いまいまさなが》が創建した了仙寺《りようせんじ》であった。

ペリー艦隊の停泊中、長州（現在の山口県）から下田にやって来た吉田松陰《よしだしよういん》が弟子の金子重之輔《かねこしげのすけ》とともに密航を企《くわだ》てるが、失敗している。

アメリカに続きロシアも

ペリーは下田とその周辺の地理を詳細に調査している。後年にペリーが著わした『ペリー提督日本遠征記』の要所に、以下のような記述がある。

「下田では高地が町を囲んでいるが、町は海面と同じ高さにあり、海水の温度は一定している。4月から5月にかけての気温は摂氏22度から摂氏14度で、温暖な気候であるが流行

ペリーを受け入れた下田港

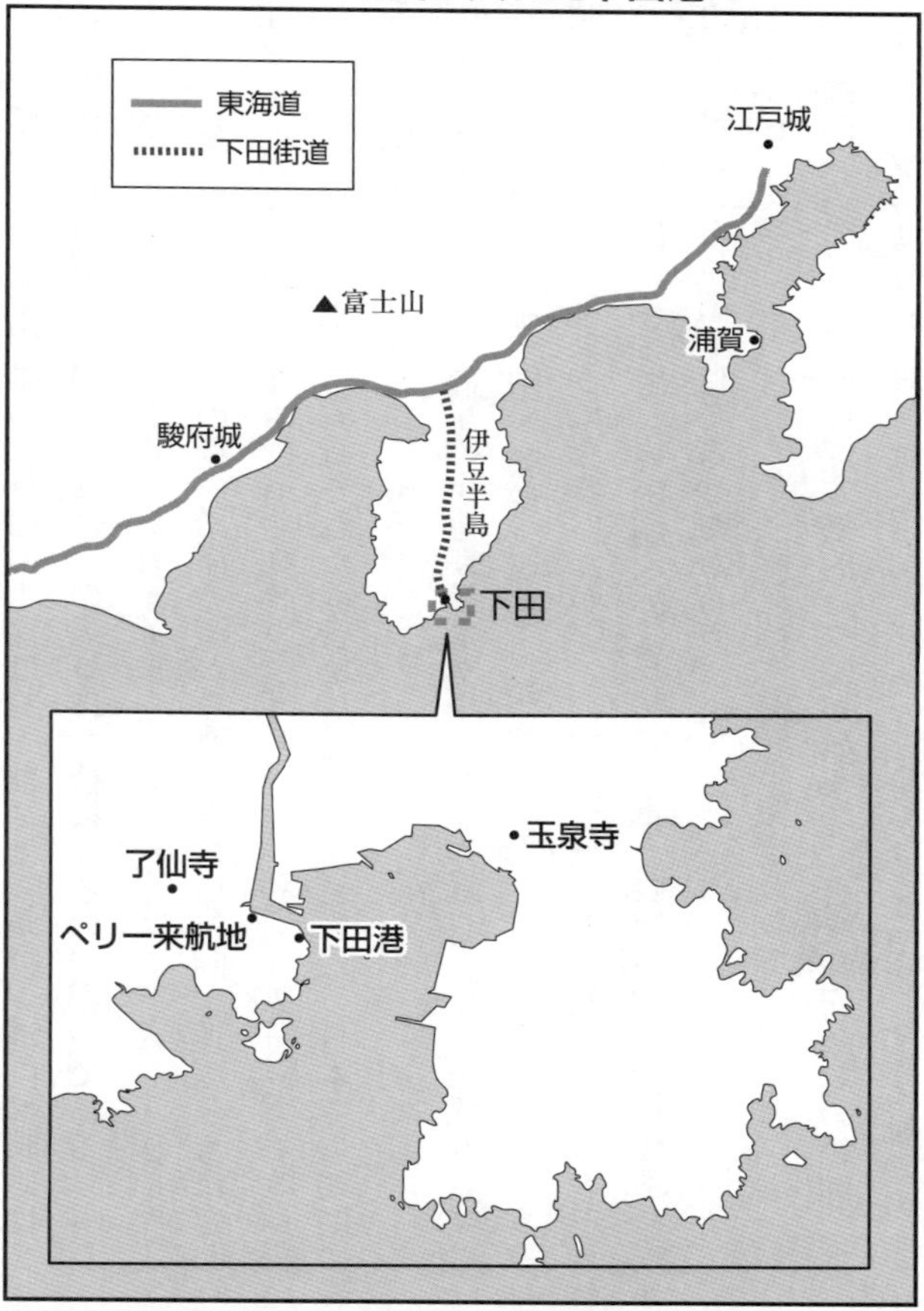

江戸の海の玄関口であり奉行所が置かれていた下田港は、
風待ちの港でもあった。

“なごみの伊豆 なごみの道” 推進会議発行「小鍋峠古道」内の図を参考に作成

病の心配は少ない。下田港の入り口の水深は31～43メートルで、湾内に暗礁は2カ所しかない。風が北から吹いているときは港の入り口で待機するのが得策である」

また、ペリーは下田の沖合にある神子元島《みこもと》を「ロック島」と呼んで下田航路上ではどこからも見える目印とし、この島の沿岸を流れる北東潮流は方向、速度ともに変わりやすいと注意している。のちの1870（明治3）年には、この神子元島に灯台が設置される。これは、神奈川県横須賀に設置された観音埼《かんのんざき》灯台などとともに、日本で最初期に設置された8基の西洋式灯台のひとつである。

ペリーに続き、ロシア海軍の全権使節プチャーチンが訪日して「日露和親条約」が結ばれ、ロシアに対しても下田、箱館（函館）、長崎を開港。下田には、アメリカとロシアの船舶が次々と入港するようになる。だが、この時点ではまだ貿易の交渉は着手されていなかった。下田港はあくまで、外国船への薪《たきぎ》や飲み水、食料の補給の場であり、かつ荒天時の避難港という位置づけであったからだ。

1856（安政3）年、アメリカから初代の駐日領事としてタウンゼント・ハリスが着任し、通商条約の締結に向けて本格的な交渉が始まる。日米和親条約の細則では、了仙寺とともにアメリカ船員の休憩所とされていた下田湾のやや東奥にある柿崎《かきさき》の玉泉寺《ぎょくせんじ》が、そのままアメリカ領事館とされた。

ハリスは日米和親条約にさらなる細目を加え、1858（安政5）年に「日米修好通商条約」が結ばれる。これにより、下田と箱館、新たに神奈川（横浜）、長崎、新潟、兵庫（神戸）の開港、外国人居留地の設定などが定められた。

なぜ下田《しもだ》開港場は貿易港とならなかったのか

条約締結の翌年、下田の開港場は閉鎖され、以降は横浜港が首都圏での外国への玄関口となる。それではなぜ、下田の開港場は存続されなかったのだろうか。

下田は江戸から距離があり、東海道からも外れていた。ハリスは通商条約の交渉のおり、下田から伊豆半島を縦断して江戸まで向かったが、その行程は容易なものではなく、とくに天城《あまぎ》峠は海抜が約800メートルを超える難所であった。陸路とのアクセスの観点からして、下田は貿易港として適した土地だったとはいいがたかったのであろう。

下田が開港場だったのは、5年と短い期間であった。貿易港としての活用を想定した本格的な築港も行なわれていない。それでもなお、西洋の大きな蒸気船をどのように停泊させるか、西洋人の船員の上陸時にはどのように対応するか、上陸を許す範囲や物品を購入できる場所の指定など、テストケースを学ぶ場としての意義は小さくなかった。

明治期以後の下田は、伊豆半島の先端で緩やかに発展し、鉄道も第二次世界大戦後まで開通しなかった。それゆえ、幕末当時の「みなとまち」の姿を現在まで留めているともいえる。そして、はじめに触れたような東海地方における荒天時の避難港としての役割は今日までなお続く。戦後、１９５１（昭和26）年には港湾法に基づき避難港に指定され、防波堤の整備事業が進んだ。

4章　江戸の物流ネットワーク

江戸湊《えどみなと》——幕府が進めた整備事業

埋め立てと再開発

豊臣秀吉は1590（天正18）年に天下統一を果たしたのち、各地の武将の勢力圏ごとに不統一だった商品と貨幣の動きを、中央集権的に整備した。さらに、兵農分離と太閤検地を通じて農業生産の向上がはかられ、大坂などの大都市圏に米が大量に輸送されて集められるようになる。そして、全国的に米の取引を中心とする経済が確立され、これに適応する形で海運と内陸水運を活用した物流が整備されていく。

江戸時代の日本は、貿易港を長崎のみに限定したため外洋航海こそ発達しなかったが、新たに出現した一大消費地である江戸を中心に、大量輸送における海運が発展していくのである。

1603（慶長8）年、徳川家康は江戸前（東京湾）に注ぐ平川《ひら》を付け替え（流れを人工的に変えること）て江戸城外堀の開削を進め、河口に日本橋《にほんばし》を架設させた。翌年にはこの日本橋が、東海道や中山道など五街道の起点とされ、物流の要衝となる。

街道整備の一方で、幕府は江戸の港（江戸湊）の整備を急速に進めていく。家康が江戸に入った当初、江戸城のすぐ南には日比谷《ひびや》入江が迫っていたが、堀の開削で生じた土砂や、現在の東京都千代田区にあった神田台《かんだ》（駿河台《するが》）を切り崩した土砂によって、日比谷入江を皮切りに、現在の日本橋浜町《はまちょう》から新橋《しんばし》まで埋め立てている。

それから半世紀、1657（明暦《めいれき》3）年に起こった「明暦の大火」のあと、江戸では大規模な再開発が進められる。江戸湊では、築地《つきじ》から高輪《たかなわ》にいたる外港部と隅田《すみだ》川沿いの内港部が整備され、内港部の右岸は食糧や雑貨、左岸は木材の荷揚場が多く築かれた。

隅田川のみならず、江戸前には多摩《たま》川、日本橋川、三十間《さんじっけん》堀などの河川や運河による三角州が多く、江戸時代を通じて河川や運河を利用した水運が発達し、江戸の河川や運河の岸にできた船着き場である「河岸《かし》」は120~200カ所におよぶ。江戸はまさに、ヨーロッパにおけるヴェネツィアのごとき「水の都」であったのである。

河川を利用した内陸水運の発達は江戸のみに限らない。全国の米が江戸や大坂へ輸送されるようになると、日本各地では、それまで地元で消費されていた米を沿岸の港へと集積するため、内陸水運の整備が進んだ。

一例を挙げれば、米どころの越後（現在の新潟県）では、信濃川、阿賀野川、加治《かじ》川を利用した内陸水運が発達。室町時代から流域の各地の在郷町では「六斎市」などの定期市が開かれている。その過程で、信濃川と阿賀野川の河口に位置する新潟湊が内陸水運と沿岸海運の結節点として発達し、堀や小路の発達した水運のための町割りがなされ、現在の新潟市の原形となっている。ところで、新潟市などを訪れた際は信濃川河口の新潟西港の緑地を散歩していただきたい。干満の差が小さいことや、大河津分水《おおこうづぶんすい》などの放水路によって水流が調整されていることで、港の水面がとても目線近くに感じられるだろう。

関東であれば利根川《とね》、東北では北上川《きたかみ》、九州では筑後川《ちくご》など、多くの水系が内陸水運に利用された。陸路と比較した場合、河川交通の利点は、河口の外港と直《じか》につながっていることだろう。たとえば、大坂では淀川から分岐した安治川の下流が、後述する「菱垣廻船《ひがきかいせん》」や「樽廻船《たる》」から市中の問屋などへの商品の輸送に活用された。

「菱垣廻船《ひがきかいせん》」の登場

前章で述べたように、1616（元和2）年には、江戸湊へ入港する船舶の臨検のため、現在の静岡県下田市に下田奉行が設置される。なお、この時期にはまだ、江戸で消費される米の大部分は近隣から陸路で輸送されており、海路で江戸に入ってくる物資の多くは、材木や石材、あるいは味噌《みそ》、醤油《しょうゆ》、酒、油など米以外の食品や日用品であった。海路による江戸への廻米《かいまい》が本格化するのは、東廻り航路が普及してからである。

やがて、江戸と上方（大坂、堺、兵庫など）の間には、恒常的に運航される商船として、「菱垣廻船」が就航するようになる。菱垣廻船という呼び名は、船体に菱形に組んだ竹垣があったことに由来する。1619（元和5）年に堺の商人が江戸に日用品を廻送《かいそう》したことが始まりであったとされる。寛永年間（1624〜1644年）には、大坂の泉《いずみ》屋、毛《け》馬《ま》屋、富田《とみた》屋、大津《おおつ》屋、塩《しお》屋など多くの船問屋が開業した。

廻船の航海では、海難事故や盗難で荷が失われたり、荒天のためやむなく荷を捨てたりする事態がたびたび起こった。そこで、1694（元禄7）年には、事故が起こった場合の負担を分担する「共同海損」のため、荷主が連合した「江戸十組問屋《とくみどいや》」と「大坂十組問屋」が成立する。荷主の組は商材の種類ごとに分かれ、当初は塗物店組、綿店組、酒店組などであったが、廻船が扱う商材の多様化により、参加する組が増えていく。

輸送方法としては、廻船問屋が商品を集荷し、荷物が一艘分まとまったら出航するのが通例で、元禄年間（1688〜1704年）には262艘が稼動していた。江戸から大坂への航海の日数は平均して32日ほど。潮流や風向きしだいでは10日程度であったが、2カ月近くもかかる場合もあった。このため、江戸時代中期まで就航の頻度は1艘あたり年間4~5往復程度であったという。

江戸時代後期ともなると、航海技術が格段に向上する。まず、木綿生産の拡大によって帆の素材が従来の筵《むしろ》から木綿の布に変わり、帆の性能がアップした。また、陸地の山などを目印に沿岸を航海する「地乗《じの》り」から、陸地が見えない沖合を航海する「沖乗り」が広まり、方位磁石や海図も使用されている。ただし、夜間に星の位置から船の現在地を確認する天測航法は普及していない。

一連の改善により、19世紀に入るころには廻船の高速化が進み、1836(天保7)年の記録では、兵庫津から江戸湊までの航海日数は平均して約12日間となっている。航海の頻度も、船によっては1艘で年間8往復という事例もある。

なぜ大型船の建造が禁じられたのか

それでは、菱垣廻船にはどのような規模の船が使われたのであろうか。初期のころは積載量が250石《こく》(約37・5トン)ほどであった。元禄年間ごろまでは500石以下が主流だったが、19世紀に入るころには800~1200石にまで大型化している。それでも、盛んに外洋航海を行なっていた17～19世紀のヨーロッパの帆船に比較すれば矮小《わいしょう》といえる。ここで、江戸時代の造船事情に触れておきたい。

江戸幕府は1609（慶長14）年に「大船建造の禁《おおぶねけんぞうのきん》」を出して、西国大名に対し500石以上の軍船の建造を禁止するとともに、現存する大船を没収した。1635（寛永12）年には武家諸法度で、諸大名が500石以上の船を所有することを明確に禁止する。これは鎖国体制を維持するためであり、外洋航海が可能な船舶の建造を制限する意図があったとされるが、諸大名の軍備を制限する主旨が大きかったとみられている。実際、1638（寛永15）年には荷船《にぶね》（民間商船）が禁令の対象外とされ、江戸時代を通じて廻船は発達していく。

通説では幕府が大船建造の禁において、帆柱（マスト）は1本のみとし、船底に竜骨《りゅうこつ》のある船体構造も禁止したといわれるが、明確な典拠はない。長崎の出島のみを海外貿易港とする制限貿易体制が確立されて以降も、朱印船貿易に使われた帆柱が2本ある唐船が、少数ながら日本で建造されている。しかしながら、国内での本格的な西洋式の大型帆船の建造は幕末まで待たねばならなかった。

なお、18世紀末には蝦夷地（北海道）と大坂をも結ぶ西廻り航路を進んだ船として北前船（通称・千石船《せんごくぶね》）が有名である。新潟県佐渡市宿根木近くの佐渡国《さどこく》小木《おぎ》民俗博物館では復元された実物大の千石船が展示されている。

輸送量よりスピードを重視した「樽《たる》廻船」

菱垣廻船と並んで江戸から上方への物流を支えたのが「樽廻船」である。この名は酒樽を主な荷物としていたことに由来する。もともと酒樽も菱垣廻船によって運ばれていたが、正保年間（１６４４～１６４８年）には、酒樽のみを尼崎から江戸へ輸送する廻船が運航するようになった。これが樽廻船の起源とされる。

樽廻船は酒の品質を維持するため速力を重視し、潮流や風向きが良好な場合、熟練の船乗りならば４～５日で上方から江戸まで航海できた。江戸から京都まで陸路の東海道では約14日かかったのに比べると、はるかに迅速である。

１７３０（享保15）年には菱垣廻船の十組問屋から酒問屋が脱退し、酒荷専用の樽廻船を独自に運航するようになる。菱垣廻船で酒樽は船底に置かれることが多く、海難事故の際は上の荷物から投棄されるため、損害は軽微だった。ところが、事故が起こったときは、ほかの荷主と同等に損失補塡の義務があった。こうしたことへの不満が、樽廻船が菱垣廻船から独立した一因である。

また、幕府は主食としての米の流通を優先して酒造りを制限する場合があったが、江戸時代後期になると米の生産量は向上。このため、1754（宝暦《ほうれき》4）年には「宝暦の勝手造り令」で酒造がほぼ恒常的に認められ、酒類の流通量も拡大している。上方でとりわけ江戸への酒の出荷が多かったのが、現在の兵庫県神戸市にある灘五郷《なだごごう》である。瀬戸内海に面した灘の酒は兵庫津から積み出されていった。幕末時、樽廻船によって江戸湊に入る酒樽の約6割が灘からのものだったといわれる。

「尾州《びしゅう》廻船」の普及と衰退

菱垣廻船も樽廻船も、主要な船問屋は大坂、堺、兵庫津など上方の業者であった。しかし、江戸と上方を結ぶ航路で活躍していたのは彼らだけではない。現在の愛知県にあたる尾州《びしゅう》（尾張の別称）を拠点とした尾州廻船も、上方から伊勢湾へ、そして伊勢湾から江戸を結ぶ航路の海運に大きく寄与した。尾州廻船としては、知多《ちた》郡の内海浦《うつみのうら》を拠点とした内海船や、野間《のま》船、半田《はんだ》船などが知られている。

基本的に菱垣廻船は、他者の商品を運び運賃を徴収する「運賃積」であったが、尾州廻船のなかでも内海船は、船主が商品を買い取って自分の裁量で運んで売りさばく「買積」が主流であった。この方法は、蝦夷地・大坂で発達した北前船の特徴でもあり、現代の商社のやり方に近い。内海船の船主を代表する内田《うちだ》家は、1833（天保4）年に発生した「天保の飢饉」のおりには、伊勢湾や瀬戸内の米を買い集めて江戸に移送し、巨利を得ている。

ただし、尾州廻船の多数の船主は仕入れ地の港から大坂や江戸へ直行することが多く、本拠地である内海浦などの港はそれほど大きく発展しなかった。

江戸時代には隆盛を誇った菱垣廻船、樽廻船、尾州廻船であるが、明治期以降には鉄道による陸路輸送が大きく成長したことから、衰退を余儀なくされてゆく。

東廻りと西廻り——日本列島をめぐる航路

江戸時代を通じて物流の拡大とともに発達した港として、東廻り航路と西廻り航路の寄港地となった諸港がある。

東廻り航路は日本海側の東北から津軽海峡を回って江戸へと至る。航路の大部分は東日本の太平洋岸である。西廻り航路は日本海側の東北、北陸と西進し、関門海峡を回って兵庫津や大坂へと至る。航路の大部分は西日本の日本海側と瀬戸内海である。北前船の発達した18世紀には、航路は蝦夷地にまで拡大していった。

商人・河村瑞賢《かわむらずいけん》による開拓

江戸幕府成立後、江戸の街は膨張し人口が急増。1657（明暦3）年に起こった「明暦の大火」のころには約50万人と推定されており、一大消費地へと成長していた。このため幕府は、全国各地にある天領（直轄地）から米の移送をさせる。

東北から江戸への米の廻送の状況をみると、弘前《ひろさき》（津軽）藩は1625（寛永2）年には青森からの航路を、秋田藩は1655（明暦元）年に土崎から津軽海峡を回る航路を、八《はち》戸《のへ》藩は1664（寛文4）年に鮫《さめ》（現在の八戸市鮫町）からの航路を開いている。ただし、多くの場合は江戸まで船を乗りつけず、那珂《なか》湊（茨城県）や銚子（千葉県）などで積荷をおろし、あとは利根川の水運か陸路によって江戸市中まで米を運び込んでいた。房総半島の犬吠埼《いぬぼうさき》近海は荒れやすく、安全とはいえなかったからである。

この状況下において、伊勢出身の商人であった河村瑞賢のもと、東廻り航路と西廻り航路が拓かれる。

瑞賢はまず、東廻り航路の南半分にあたる、阿武隈《あぶくま》川河口の荒浜《あらはま》（現在の宮城県亘理《わたり》郡亘理町）から江戸までの安全性の高い航路を確立する。幕府は1670（寛文10）年、信夫《しのぶ》郡（福島県）などから数万石の米を江戸に移送する任務を瑞賢に命じるが、瑞賢は部下に積み出し港となる荒浜から江戸までの港を調査させ、図を添えた報告書を提出させた。

これをもとに幕府と航路を建議した結果、平潟、那珂湊、銚子、小湊《こみなと》（千葉県）を経由する航路を策定。瑞賢は荒れやすい犬吠埼近海からまっすぐ江戸前に入ることを避け、一旦西へ進んで下田、あるいは三崎（神奈川県）に入り、西南風を待って西から江戸前に入るという航路をとっている。

東廻り航路と西廻り航路

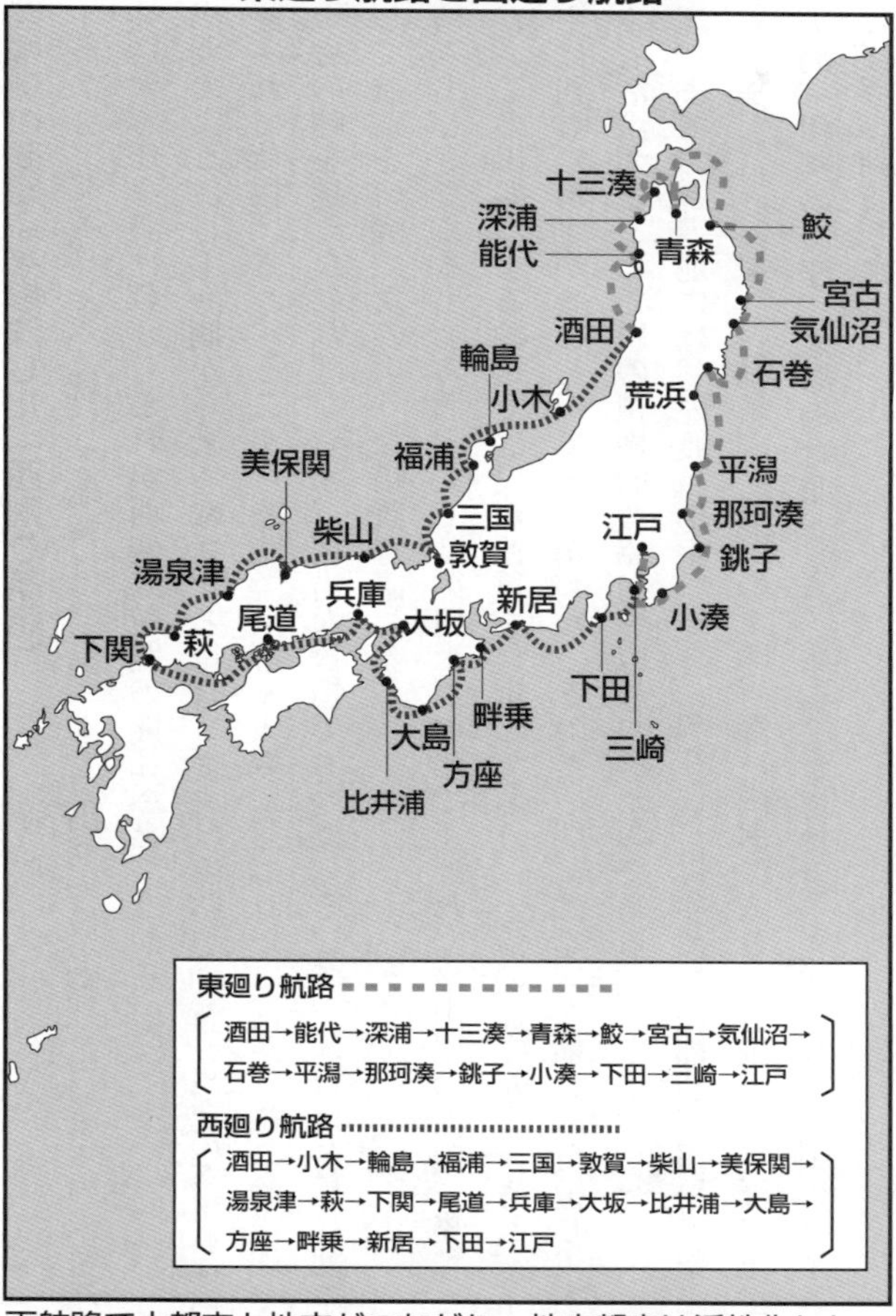

両航路で大都市と地方がつながり、地方都市は活性化した。

黒田勝彦編著『日本の港湾政策』（成山堂書店）p8の図を元に作成

内陸輸送の問題点を解決した「西廻り航路」

1672（寛文12）年、続いて瑞賢は、天領である出羽の最上郡（山形県）の米を江戸まで輸送する任を請け負う。これが西廻り航路の開拓へとつながる。

出羽のように日本海側から米を輸送する場合、従来は海路で加賀（現在の石川県南部）まで運ばれて荷揚げされ、そこから陸路で京都や大坂に運ばれた。だが、この輸送法ではいくつもの峠を越えなければならず、相当な負担であった。そこで、瑞賢は各地に部下を派遣して航路を研究、次のような措置を講じる。

積み出し港である出羽の酒田までは御用米が川船で運ばれ、最上川の河口に集積されていた。この川船による輸送では民が運賃を負担しており、上流の船主が多用され、下流の船主は利益にあずかることができなかった。そのため瑞賢は運賃を幕府が負担し、下流の船主も活用することで民の積極的な協力を取りつけたのである。

江戸までの寄港地には、佐渡の小木、能登《のと》（現在の石川県北部）の福浦《ふくら》、但馬の柴山《しばやま》、石見（現在の島根県西部）の温泉津《ゆのつ》、長門の下関、瀬戸内海に入り、大坂、太平洋に出て紀伊の大島、伊勢の方座《ほうざ》、志摩の畔乗《あのり》があり、東海（東海地方）を経由して下田へと至り、最後に江戸へ到着した。

さらに、瑞賢はそれまで寄港地で徴収していた入港税を廃止。主要な停泊地には番所を設置したほか、危険性の高い場所では目印となる狼煙《のろし》を上げさせ、暗礁が多い下関などの海域では水先案内の船をつけるなどの処置を行なっている。このようにして西廻り航路は、負担の大きい内陸輸送の問題を解決したといえよう。

一度に150トンもの貨物を運んだ「北前船《きたまえぶね》」

東廻り航路と西廻り航路で使用された主要な船舶は、船の型からもっぱら「弁才船《べざいせん》」と呼ばれ、東北・北陸ではこの呼称が多く使われた。ただ大坂や瀬戸内の商人の間では「北前船」と呼ばれる。これは「北米《きたまい》」または「北回り《きたまわ》」から転じたといわれる。

とくに大型の「千石船」は、全長80尺（約24メートル）、船体の横幅30尺（約9メートル）、帆の横幅は63尺（約19メートル）、積載量は1000石（約150トン）、船員は15人ほどであった。

北前船は時代が進むにつれて輸送量の拡大や操船技術の向上によって大型化が進み、最大級のものでは積載量が2400石（約360トン）もあったという。

航行速度は、潮流や風向きが理想的な海域では3～4ノット（時速5・6～7・4キロメートル）、最大で6ノット（時速11・1キロメートル）ほどであった。

船体の価格は2000〜3000両ほどで、米価をもとに現在の貨幣価値に換算すると、1艘が約1・2〜1・7億円と高額である。しかし、廻船業者は「一航海千両」といわれるほどの巨利を得ていた。出羽から江戸までの米の運搬料金は、100石につき24両1分（現在の約145万円）、出羽から大坂は15両（同90万円）、大坂から江戸までは1000石につき108両（同650万円）となっている。単純な距離だけでなく、航路の安全性など航海の難度が地域ごとの運賃の基準に反映されていたようだ。

日本海の時代

東廻り航路と西廻り航路の大きな意義は、新井白石《あらいはくせき》が『奥羽《おうう》海運記』で言及しているように、江戸と大坂を中心とした日本の中央の交通網からは孤立していた出羽や陸奥《むつ》の東北諸藩と天領が、全国的な流通網に組み込まれたことにある。

たとえば、17世紀中ごろの仙台藩の江戸への廻米は年間15〜16万石ほどであったが、東廻り航路が本格的に普及した17世紀末には30万石を超えて倍増した。江戸時代後期には藩の収入の約4割が江戸への廻米によるものといわれる。仙台藩で北上川の下流域に位置する石巻《いしのまき》は、1611（慶長16）年の大津波で壊滅的な被害を受けるが、伊達政宗《だてまさむね》に仕えた川村孫兵衛《かわむらまごべえ》が北上川の流路を付け替える大規模な治水工事に着手した。これにより新田開発が進み、米の収穫量は拡大。石巻は江戸への廻米の一大物流拠点へと発展していく。

石巻では、13万5000俵（約770トン）もの米が収容できる45棟の藩蔵が築かれた。のちに石巻港から奥州産の菜種や肥料用の〆粕《しめかす》などの荷も盛んに積み出され、その販路は江戸のみならず尾州廻船を通じて尾張にも広がった。1719（享保4）年に仙台藩の儒学者である佐久間義和《さくまよしかず》が著わした『奥羽観蹟聞老志《かんせきもんろうし》』には、石巻は「大坂、博多、酒田と肩を並べる天下第一の港」と記されたほどである。

東廻り航路と西廻り航路の開拓は当初、江戸や大坂への米の廻送を主目的としていた。だが、江戸時代後期になると商品経済の拡大とともに積荷の種類は多様化し、東北の諸港には、上方や関東でつくられた衣類、紙、染料に加え、薩摩経由で琉球から入ってきた砂糖などの商品が流入するようになる。

とくに西廻り航路では、往路で米を輸送したあと、復路で空船を運行する無駄を避けるため、以下のようなサイクルが形成される。

まず、蝦夷地で採集されたニシンや昆布などの海産物を越前の敦賀まで輸送する。敦賀からは東北・北陸の米を大坂へ輸送し、逆に大坂からは敦賀へ酒や塩などの商品を、敦賀からは蝦夷地へ筵や縄など、漁業に必要な雑貨を輸送するという流通だ。

幕府は1721（享保6）年、東北や北国の諸藩に対して、江戸までの距離が短い東廻り航路の利用を奨励する。にもかかわらず、江戸時代では西廻り航路のほうが発達している。この理由は、東廻り航路では潮流の速い津軽海峡の通過が困難であり、太平洋側は波が激しく、下田のような良好な風待ちの港が少なかった点などが挙げられる。

日本海側では西廻り航路の発達により、庄内の代表的な積み出し港となった酒田、多くの船主を抱えていた加賀、畿内への入口となった若狭《わかさ》や敦賀、日本海から瀬戸内海に入る下関など、多数の港が栄えた。太平洋側の航路が発展した近代以降と対比すれば、江戸時代は日本海港湾の時代であったといえるだろう。

なお、米以外の積み荷を扱っていた大きな港湾として、現在の秋田県にある阿仁《あに》鉱山から金や銀を積み出していた能代《のしろ》、同じく金山のあった佐渡、石見銀山の銀を積み出していた温泉津などが日本海側の重要港であった。

各地の主要な寄港地では、現代の灯台にあたる灯籠《とうろう》、防波堤にあたる波戸《はと》、桟橋にあたる雁木《がんぎ》、ドックにあたる船操場が整備された。

蝦夷《えぞ》地のにぎわい

北前船は東北のみならず蝦夷地まで航海しており、18世紀後半から19世紀へ移る時期には、松前、江差、箱館など蝦夷地の諸港が存在感を増していく。

江戸時代の蝦夷地では米が収穫できなかったため、同地を支配する松前藩はアイヌとの交易を独占し、鮭やニシン、ナマコ、アワビ、昆布などの海産物を商う商人から税収を得ていた。西廻り航路が確立される以前、蝦夷地の産品は敦賀で荷揚げされ、近江商人の手によって琵琶湖経由で畿内に運ばれて売買されていた。

18世紀後半になると、綿などの商品作物の栽培が活発化し、その肥料として干しニシンが重宝されるようになる。加えて、長崎の出島では清との貿易で干しアワビ、ナマコ、フカヒレなどの海産物の加工品の輸出が拡大した。この時期には食文化も豊かになり、京都や江戸などの大都市では出汁《だし》を取る食材として昆布が普及する。

こうした事情から蝦夷地の産品の需要が高まる。とくにニシン漁の盛んだった江差では、北前船が参集する5月になると、江戸でも見られないほどと形容されたにぎわいを見せる。上方出身の廻船業者の中にはニシン長者が現われたという。

18世紀末には、兵庫津を拠点とした廻船業者の高田屋嘉兵衛《たかたやかへえ》が、千島《ちしま》列島の択捉《えとろふ》島（北方四島のひとつ）までの航路を開拓する。嘉兵衛は幕府の蝦夷地経営にも参画し、造船所や道路を整備するなど、箱館の発展にも大きく寄与した。漁民や仲買人などが大量に訪れるようになった江差や箱館の港湾は人口も急増し、急速に商業都市として発展していく。このころの日本近海では次第にロシア船の進出が目立つようになり、幕府は１８０２（享《きょう》和《わ》2）年に箱館奉行所を設置して同地を直轄地とする。

箱館や江差から運ばれた海産物の主要な集積地となったのは、上方の兵庫津であるが、昆布をはじめとする蝦夷地の海産物は、長崎などを経由して遠く琉球や清へも転売された。北前船の寄港地は外国にまでつながっていたのである。

人の流れはどうだったのか

江戸時代を通じて海運による物流は発達したが、幕府は農民や町人の移動を制限したため、江戸と大坂を直接に結ぶような大規模な船舶による人の海上移動はあまり活発ではなかった。ただし、地域によっては商業旅客船舶の「乗合船」が発達している。

数多くの運河が開削された江戸では、利根川、隅田川などで多くの乗合船が運航し、大商人の川遊びから庶民の足にまで活用された。畿内では米30石を輸送できる規模の「三十《さんじっ》石船《こくぶね》」が、淀川を利用して京都と大坂を結び、物流と旅客輸送の双方に多用された。

また、幕府は江戸への侵攻に備え、東海道の富士川《ふじ》、中山道の千曲川《ちくま》、天竜川《てんりゅう》など主要河川の多くで架橋を制限し、川船による渡し場を設置した。東海道の吉原宿《よしわら》など多くの渡し場は交通の要衝となり、宿場町が栄えることになる。

庶民に長距離の旅が許された数少ない例外が、寺社への参詣だ。これには陸路がおもに使われたが、安濃津の項でも述べたように「伊勢参り」では東海道の宮宿から桑名宿まで、伊勢湾を横断する「七里の渡し」が利用され、桑名では船着き場の発展をもたらした。江戸時代後期には、讃岐（現在の香川県）の金刀比羅宮《ことひらぐう》への参詣が増加し、瀬戸内海では大坂や九州と讃岐の丸亀《まるがめ》や多度津《たどつ》を結ぶ乗合船の「金毘羅船《こんぴらぶね》」が運航された。

では、武士階級はどうであったろうか。九州や中国の諸藩は参勤交代時に海路を活用した。ただし、幕府は防衛上の観点から江戸前への入港を禁じていたので、瀬戸内海から大坂までは海路だが、以降は陸路だった。数十艘もの船を調達して1000人近い家臣団を輸送するのは莫大な費用がかかるうえに、幕府が大波に耐える大型船の建造を制限していたため、いくつもの海難事故が起こっている。1725（享保10）年には長州藩の船が瀬戸内海で遭難し、19人もの犠牲者を出している。事故多発のため、参勤交代は陸路が中心となっていく。

瀬戸内海の諸港——水上の回廊

九州と都を結ぶ

日本列島において瀬戸内海は、陸地に囲まれた内海としては最大だ。東西の幅は約450キロメートル、九州側2県と山陽側4県、四国側3県、さらに大阪府・和歌山県の10県1府にまたがり、島の数は小規模な無人島まで含めれば約3000あるといわれる。その範囲には現在の神戸港や広島港、松山港など重要な港も少なくない。私は船に乗ったり、港に行ったり、沿岸を走る鉄道に乗ったり、さらには宮島《みやじま》の弥山《みせん》に登ったりしたが、瀬戸内という穏やかな海に、白い砂、小さく小高い山を有するその「多島美」は非常に印象深い。これからは、クルーズや船旅のルートの中心になっていくことだろう。

地理的な観点から瀬戸内海をみると、東の紀伊水道と西の豊後水道から潮流が入り込み、広島県東部の近くで東西からの潮流が衝突して逆流する。つまり、西方へ航海するのにも東方に航海するのにも、潮流をうまく利用できるのだ。ただし、広島県と愛媛県の間に広がる芸予《げいよ》諸島のように島が密集した地域は、狭い海峡のような場所が多いため急流が発生しやすく、航海も困難であった。

瀬戸内海の立地上の特長は、西端は中国大陸や朝鮮半島とも近い九州北部に接し、東端は都のあった畿内に接していた点であろう。室町時代、中国の明からの旅行者が瀬戸内海を航行中、「これは揚子江のような大河なのか」と思ったという話が伝わるが、瀬戸内海の平均幅は約40キロメートルで揚子江の河口と同規模である。実際に瀬戸内海は、都へと至る巨大な川のような水上の回廊として機能した。

1カ月もかかった横断

6世紀末から朝廷は朝鮮半島へ遣新羅使を、7世紀には中国へ遣隋使、遣唐使を定期的に派遣するようになった。日本を出るまでの寄港地は、現在の大阪府に位置した難波津を出発点として、現在の兵庫県に位置する武庫《むこ》浦、明石浦、藤江《ふじえ》浦、現在の岡山県に位置する多麻《たま》浦、現在の広島県に位置する長井《ながい》浦、風速《かざはや》浦、長門浦、現在の山口県に位置する麻《ま》里布浦《りふ》、大島鳴戸《なると》、熊毛浦《くまげ》、佐婆津《さばつ》、現在の大分県に位置する分間浦《わくま》、現在の福岡県に位置する筑紫館《つくしかん》で、これら諸港が朝廷の指示により整備される。

8世紀の中ごろには、難波津から筑紫館までの航海だけで1カ月もかかったという。岩礁が多く、島が密集した場所など、地域によって潮の流れが変化するため操船が困難だったのだ。遣唐使や遣新羅使は、難波津を出航後、筑紫の那津（現在の博多付近）で風待ちをして朝鮮半島や中国へ向かうのが通例だった。

朝廷は国内の交通網として当初は陸路を重視し、各地の拠点に馬を置いて人や物を輸送する伝馬《てんま》制を整備。しかし、大量の米など重い荷物を輸送する場合は海路のほうが効率的であるため、8世紀中ごろには税の輸送は海路へ切り替えられている。

瀬戸内海を畿内へ向かうルートで代表的な停泊地となったのが、天平年間（729～749年）に僧侶の行基が整備したといわれる「五泊」である。いずれも現在の兵庫県沿岸に位置し、室生泊（現在のたつの市）、韓泊（現在の姫路市加古《かこ》川河口）、魚住泊（現在の明石市）、大輪田泊（現在の神戸市）、河尻泊（現在の尼崎市神崎川河口）の5カ所である。五泊それぞれの間隔はほぼ1日の航路にあたり、奈良時代から鎌倉時代まで、瀬戸内海交通の要衝となる。

平安時代後期になると、全国各地の荘園から畿内への物資の輸送量が増大する。瀬戸内海で運ばれた物資は農産物ばかりでなく、播磨《はりま》の赤穂《あこう》などで製塩された塩、出雲《いずも》をはじめとした山陰山陽の内陸でつくられた鉄、備前《びぜん》や伊予《いよ》の石材のほか、瓦、金属製品や刀剣など多様であった。ほかにも、九州と都を結ぶ長距離航路だけでなく瀬戸内海の島々同士の近海航行も活発化し、農民や漁民が本業の合間に船で商品の輸送を行なったり、輸送を専業で担う船頭が現われたりしている。

「海賊」の横行と港の発達

中世後期の瀬戸内海は貨物輸送ばかりでなく「人船」、すなわち客船も運航するようになる。最たる利用者は京都や堺の商人だったが、讃岐の金刀比羅宮や安芸の厳島《いつくしま》神社のような寺社への参拝にも利用された。船籍地となっていた港も、堺のような畿内の主要港のみならず、現在の岡山県に位置する牛窓《うしまど》、現在の香川県に位置する引田《ひけた》、現在の淡路《あわじ》島にある岩屋《いわや》などさまざまであった。

1550（天文19）年、京都の東福寺の僧侶・梅霖守龍《ばいりんしゆりゆう》が記した『梅霖守龍周防下向記』によれば、京都から堺に向かう客船には300人もの乗船者がいたという。かなりの大型船が恒常的に運航されていたことがうかがえる。

また、古代から瀬戸内海においては山陽沿岸に主要な港が発達したが、後期には島嶼《とうしょ》部や四国側の港も盛んに利用されるようになる。これは海賊の横行とも少なからず関係があった。ここでいう海賊とは、単純な海上強盗だけでなく、水軍を保有し中央権力から独立した武士団も含む。瀬戸内海では平安時代中期から、伊予を拠点とした藤原純友《すみとも》などの海賊がはびこる。島が多く、地形が複雑な瀬戸内海は海賊が対象を襲撃するのに適していたといえる。

中世の伊予では、現在の今治《いまばり》から松山にかけてを拠点港とする河野《こうの》水軍が、安芸では能《の》島《しま》、因島《いんのしま》、来島《くるしま》を拠点港とする村上《むらかみ》水軍が一大勢力となった。ことに村上水軍は自勢力下で帆別銭《ほべちせん》（通航料）を支払った船の安全を保障したり、年貢の輸送を担当したりするなど、海運事業者としての一面をもっていた。

江戸幕府成立後は瀬戸内海の諸藩で「加子浦《かこうら》」の制度が取られる。加子は「水主」や「水手」とも書き、船乗りのことをさす。沿岸ですぐれた船乗りを擁する村を加子浦に指定し、漁業権を優先的に保障するなどの特権を与える代わりに、参勤交代やほかの公務の航海に徴用（「加子役」と呼ぶ）するという制度だ。これにより兵庫津以外にも多くの港が

地乗りと沖乗り

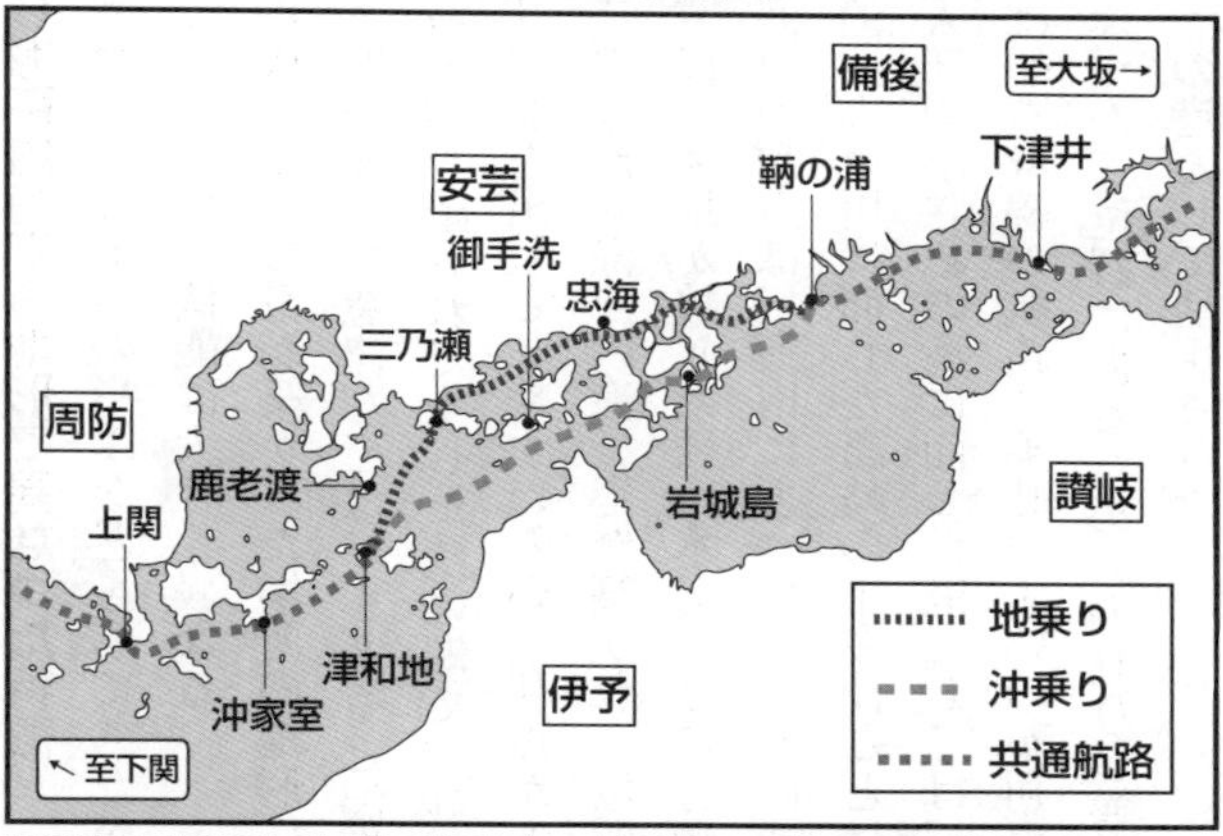

地乗りで発展した港のほかに、沖乗りで発展する港が現われた。

（公社）中国海事広報協会開催の「海と船の企画展」における「北前船とその時代展」図録を元に作成

栄えた。

瀬戸内海の航海ルートにも変革が起こる。江戸湊の項でも述べたように、古代から中世までは山陽道の沿岸づたいに航海する「地乗り」が主流であったが、防《ぼう》予《よ》諸島と芸予諸島の島々の間をすり抜け、沿岸が見えない沖合を航海する「沖乗り」が江戸時代に広まったのだ。直線距離は沖乗りのほうが短く、幕府公式の米の輸送は沖乗りが基本とされた。沖乗りの普及は、御手洗《みたらい》、弓削《ゆげ》など防予諸島と芸予諸島の港の発展をもたらしている。

同じ瀬戸内海でも地形で異なった特徴

瀬戸内海の港湾の歩みなどをみてきたが、ひと口に瀬戸内海の港といっても、地域によってその形状や機能は大きく異なる。

古代に主要な港が築かれた場所の地形には、いくつかのパターンがある。難波津、住吉津、明石浦、牛窓津などは、もともと潟湖（ラグーン）だった。潟湖とは砂州などにより外海と切り離されて生じた浅い湖で、砂州によって外洋の強い波浪から守られ、潮汐《ちょうせき》に乗せて船を出航させやすいという利点があった。

このほか、瀬戸内海で港が築かれた場所の地形は、大きな川の河口や、入江、小さめの湾、島や陸地が接した狭い水道などに分類できる。

河口の利点は、河川によって内陸と直通している点だ。五泊の1港で神崎川に面した河尻泊、大束川《だいそく》に面した讃岐の宇多津《うたづ》などはこれにあたる。

入江や小さめの湾に面した港としては、安芸の鞆の浦、備前の日比《ひび》などがある。湾を出れば船を幹線の航路に乗せやすいのが利点だ。とくに鞆の浦は瀬戸内海で東西からの潮流がぶつかる位置にあるため、沖乗りが普及するまで、潮の流れに乗せて船を出す「潮待ち」の港として活用された。

狭い水道に面した港としては、眼前にすぐ向島《むかい》がある尾道、同じくすぐ眼前に前島がある牛窓などがある。こうした場所の細い水路は急流となりやすいが、その潮流に乗せて出航すれば勢いよく船が進んでゆく。

このように、成立背景も地形の条件も多様ないくつもの港が存在するという点も、時代とともに用途を変えた瀬戸内海の歴史の一端を示しているといえるだろう。

河岸《かし》――内陸水運を支える「川湊」

「河岸《かし》」＝「魚市場」ではない

河岸《かし》と聞けば、魚河岸・魚市場を想像し、その代表的な築地市場を思い浮かべるのではないだろうか。築地市場は、俗に築地の魚河岸とも呼ばれているが、当初、江戸（東京）の魚河岸は日本橋にあった。日本橋魚河岸は江戸幕府が成立した17世紀はじめに開設され、日本橋川の北岸の日本橋と江戸橋の間に位置していた。現在の住所でいえば、日本橋本町1丁目から日本橋室町《むろまち》1丁目にかけての一帯である。

日本橋に最初に魚市場を開いたのは、徳川家康に従って江戸に移住した森孫右衛門《もりまごえもん》の一族と、その配下の漁民たちだったとされている。彼らは幕府と諸大名に優先的に鯛《たい》などの御用魚を納める代わりに、残った魚介類を商う許可を得たという。

日本橋魚河岸には、江戸の近海はもとより、安房《あわ》、上総《かずさ》、下総《しもうさ》（以上、おもに現在の千葉県）、相模（おもに現在の神奈川県）、遠江、伊豆（以上、現在の静岡県）などの海から大量の魚介類が集まり、江戸の人々の腹を満たした。

江戸幕府が瓦解して明治新政府のもと、江戸が東京と改称されたあとも、日本橋魚河岸は活況であった。ところが、1923（大正12）年9月1日に発生した関東大震災で日本橋一帯は壊滅状態に陥《おちい》ってしまう。そこで同年12月、海軍省の所有地だった築地の旧外国人居留地（築地居留地）に市場機能が移転し、新たに開設されたのが、現在の築地市場の始まりである。

ところで、400年近くも続き、長年にわたって人々の生活に密着していた日本橋魚河岸、築地魚河岸の「河岸」とは、魚市場という意味ではない。もともと、河岸とは川に面して船から人や荷物を揚げたりおろしたりする場所をさす言葉だ。要するに「川湊」だ。

たまたま日本橋、および築地の魚河岸が有名になったことで、「河岸＝魚市場」のイメージがついてしまっただけなのである。

江戸市中だけで200近くもあった

運河が縦横に走っていた江戸市中には、各地から船で集まってきたさまざまな物産を荷揚げする河岸が多数存在した。米を荷揚げする河岸は米河岸、塩を荷揚げする河岸は塩河岸、材木を荷揚げする河岸は材木河岸、薪を荷揚げする河岸は薪河岸などと呼ばれていたのである。

各地から江戸へ物資が集められた一例として、現在の千代田区内神田にあった鎌倉河岸が挙げられる。この河岸には、相模から多くの材木石材が運び込まれ、それを鎌倉から来た材木商たちが取り仕切っていたことから、鎌倉河岸と呼ばれたのである。鎌倉河岸は江戸時代に出版された『江戸名所図会』にも描かれており、佐伯泰英《さえきやすひで》氏のベストセラー時代小説でドラマ化された『鎌倉河岸捕物控』の舞台にもなったので聞き覚えのある人もいるだろう。また、鎌倉河岸があったことから、この一帯は1966（昭和41）年まで神田鎌倉町という地名であった。

江戸の河岸は、この鎌倉河岸のあった現在の千代田区、それから現在でいうところの中央区、江東区、台東区に集中していた。中央区で河岸があったのは、日本橋から永代橋《えいたい》にかけての大川《おおかわ》（隅田川）の出口付近だ。千代田区の河岸は、その延長として日本橋から八重洲《やえす》にかけて開かれたものである。

一方、江東区には小名木川《おなぎ》、竪川《たて》が隅田川と接続する本所《ほんじょ》、深川《ふかがわ》近辺に河岸が開かれ、台東区では浅草蔵前《くらまえ》を中心とする隅田川周辺に複数の河岸が開かれた。これらを合わせて、19世紀初頭の文政《ぶんせい》年間（1818～1830年）には、江戸市中に200近い河岸があったという。

もちろん、河岸は江戸市中にだけあったわけではない。幕末、関東各地の利根川水系には300近くも河岸が存在したとされる。なかでも有名なのは、常陸《ひたち》（現在の茨城県）の利根川沿いにあった小堀《おおほり》河岸だろう。この河岸は年貢米を積み出して江戸へ廻送するためのもので、周辺には水戸藩と諸藩の御穀宿《ごこくやど》、廻船問屋が立ち並び、港街として発展していた。日本全体で見てみれば、数千の河岸があったとされ、河岸では定期市が開かれていたところもある。

なお、「河岸」というのは江戸を中心とした関東周辺、および幕府の力が強かった最上川、阿武隈川などだけで使われていた呼び方だ。同様の機能を持つ川湊の呼称は日本各地で違った。たとえば、東北の雄物《おもの》川や九州の遠賀《おんが》川では「船場《せんば》」、日本海側の信濃川では「河戸《かわと》」、中部地方の木曽《きそ》川、長良《ながら》川では「湊」、同じ中部地方でも庄《しょう》川、小矢部《おやべ》川では「波戸場」、近畿地方の淀川、大和川では「浜」などと呼ばれていた。

さらにいえば、「河岸」は比較的新しく、近世に登場した言葉である。文献上でももっとも古く河岸という言葉が確認できるのは、1634（寛永11）年だ。それ以前は、同じような場所は「津」と呼ばれるのが一般的であった。江戸時代、利根川下流の下総の野尻《のじり》、小見《おみ》川にあった川湊は、それぞれ野尻河岸、小見川河岸と呼ばれていたが、14世紀には野尻津、小見川津という呼称だったのである。だが、河岸という言葉が広まると、川湊の意味での「津」はほとんど使われなくなってしまった。

河岸も津も、川から船の荷を揚げたりおろしたりする場所という意味では同じだ。しかし、その機能は本質的にかなり違う。河岸は、荷を揚げたりおろしたりするというだけではなく、船着き場、問屋、倉庫などから成り立つ運輸施設なのである。まさに、内陸水運の拠点となる川の中の港であり、「みなとまち」形成の中心だったのである。

馬500頭分の輸送能力を有した「高瀬舟《たかせぶね》」

津から河岸への転換のきっかけとなったのは、天下を統一した豊臣秀吉による太閤検地や兵農分離の政策だとされている。これらの政策により、年貢を米で納めることが主流となった。江戸幕府も秀吉の政策を受け継ぎ、米を基本とした石高制度を整備。諸大名は年貢として徴収した米を巨大市場である江戸、大坂に送り、換金することとなったのだ。さらに、江戸城手伝普請《てつだいふしん》などの課役や参勤交代制度による江戸での経費が増大したことで、各藩はいっそう江戸に米を送る必要に迫られるようになった。

米の大量輸送を支えたのが、水上輸送であり、そのための輸送拠点である港としての河岸の建設であった。米を陸上輸送で送る場合、人足なら1俵、馬なら2俵の輸送能力をもっていたとされる。4斗《と》を1俵で俵に詰めると、4石で10俵、4万石の米は約10万俵となる。もしこれを人足だけで運ぼうとすれば10万人が必要となり、馬では5万頭も必要になるのだ。人員や馬の確保、それにかかる経費を考えると、現実的ではない。

そこで船による輸送が活発になる。輸送能力は人や馬とは比較にならないほど大きい。当時の代表的な船は「千石船」と呼ばれる、文字どおり米を1000石積める船である。1000石は俵で2500俵だ。つまり千石船の輸送能力は人足の約2500倍、馬では

1250頭分にもなる。
ただ、千石船は船体が巨大すぎるため河川に入れず、そのまま江戸市中に米を運び込むことはできない。そこで活躍したのが各種の川船である。川船にもさまざまな種類があるが、代表的なものは「高瀬舟《たかせぶね》」だろう。高瀬舟の大きさはまちまちであったが、利根川水系で利用された高瀬舟のうち、もっとも大きなものは全長29メートル近くもあり、米1000俵を輸送できたという。馬の輸送能力の500倍にもなる。利根川水系でもっとも小さな荷船である川下小船でも、船頭1人が操縦し、米25俵を輸送できた。馬の約12倍の輸送能力だ。

時代を経るうち、米だけではなく、そのほかの商荷物も扱うようになっていく。結果、日本各地の河川で河岸が発展していった。さらに、内陸水運の支える航路の確保として、江戸時代は河川の低水時での水深確保、明治以降の運河・水路・閘門《こうもん》（門を開閉して水位を調整し、船を上下させる仕組み）の整備が進められていくのである。

5章　明治150年と近代の港湾

開港5港——鎖国の終わり

アメリカの狙いは太平洋航路開拓と捕鯨《ほげい》船の寄港地

江戸幕府が開かれてしばらく経《た》つと、日本は朝鮮、琉球、中国（明および清）、オランダ以外の国に港を閉ざして交流を断つ、いわゆる鎖国状態に入った。この鎖国は200年以上も続いたが、19世紀に入ると欧米諸国の船が頻繁に日本を訪れ、開国を迫るようになる。そのなかでも、とくに積極的だったのがアメリカだ。

1840（天保11）年にイギリスはアヘン戦争で清を破り、中国での権益を拡大させていた。また同時期、フランスは当時のインドシナで、オランダは当時のインドネシアで影響力を拡大させていった。このヨーロッパ列強のアジア進出の動きに、アメリカは大きく後《おく》れを取った。

そこで、アメリカはアジアに進出し、新たな市場を獲得するために太平洋航路の開発に着手する。アメリカ東海岸から大西洋を越えて中国へと向かうには、当時の蒸気船で最短でも5カ月ほどの航海が必要であった。だが、西海岸から太平洋を渡り中国へと向かった場合、大西洋航路の7分の1以下の20日ほどの旅程で到着する。もっとも、太平洋を渡るためには、蒸気船の燃料である石炭を補給するための中継基地となる港を確保しなければならない。その中継基地とするために、日本の港を開けさせる。すなわち日本の開国は、アメリカにとって至上命題となっていたのである。

もうひとつ、アメリカが日本を開国させることに積極的だった理由がある。それは捕鯨《ほげい》船の寄港地を必要としていたことだ。18世紀以降、アメリカの船団を中心に鯨油《げいゆ》を取るための捕鯨が太平洋上で盛んになっていた。蝦夷地、小笠原《おがさわら》諸島、ハワイ諸島を結んだエリアはマッコウクジラの良漁場であり、捕鯨船の補給と安全のためにも日本の開国が望ましかったのだ。

こうしてアメリカは、開国を求めるため日本進出を決意。指揮官に選ばれたのは、アメリカ東インド艦隊司令長官のマシュー・カルブレイス・ペリーであった。なお、ペリーは日本進出の承認をアメリカ議会から得るために、政界に強い影響力を持っていた国内の捕鯨業界に働きかけて協力を得たという。

ペリーが大統領フィルモアの国書を携《たずさ》え、4隻の軍艦を率いてアメリカを出港したのは1852（嘉永5）年11月24日のことであった。ただし、このとき太平洋航路はまだ開拓されていないので、ペリーの艦隊は大西洋を回ってケープタウンを経由し、インド洋を越え、シンガポール、マカオ、香港《ホンコン》を経て、半年以上もかけて日本に到達している。そして、1853（嘉永6）年7月8日、ついにペリーの艦隊が江戸湾入口の浦賀沖に姿を現わすのである。

日米和親条約で2港を開く

黒船襲来で蒸気船を初めて目にした日本人は、船体の大きさと異様な外観に驚愕《きょうがく》したという。このとき漁民は「伊豆の大島が動いた」と叫んだとも伝えられている。だが、庶民以上に緊張したのが幕府である。ペリーはこれまで開国を求めてきていた外国の使節とは違い、武力行使も辞さないという強硬な態度で迫ってきたからだ。

もっとも、ペリーは強硬一本やりで幕府に開国を迫ったわけではない。じつは、大統領から武力行使や戦闘を固く禁じられていたのである。そのため、あまり強く出すぎて日本側の反発を受け、戦争状態に陥るのは避けなければならなかった。ペリーは断固として開国を求めるという姿勢を示しつつ、慎重に幕府の出方をうかがった。いわば、硬軟交えて開国を求めたのである。

アメリカ側の慎重な姿勢は、ペリーが携えていた大統領の国書からも見られる。そこには大統領の署名とともに「日本皇帝陛下が外国との通商は危険であるとお考えなら、5年か10年、実験期間を設けることを提案いたします。もし、期待されたほどの利益が上がらなかった場合は、通商を禁じた貴国の従来の法を復活させることが可能です」と記されていた。当然、アメリカの真意は日本の開国だが、表面上はある程度下手《したて》に出ているのだ。

一方の幕府は、軍艦4隻を率いるペリーに対して毅然《きぜん》とした態度で開国を拒否できず、先延ばし策に出る。1年後に回答するとして国書だけを受け取り、ひとまずペリーには帰国してもらうこととしたのだ。このとき老中首席だった阿部正弘《あべまさひろ》は、慣例を破って黒船来襲の一件を朝廷に報告し、諸大名にも対応策について意見を求めた。それほどの難局だったということだが、この行為は幕府の権威を低下させ、のちの倒幕へとつながるきっかけとなってしまう。

一旦は大人しく帰国したペリーだったが、翌1854（嘉永7）年1月に約束どおり日本へとやって来た。しかも軍艦7隻と前回以上の艦隊を率いての来航である。ここにきて、もはや鎖国体制を守ることが不可能と判断した幕府は、諸大名や幕臣の反対を押し切り、アメリカの開国要求を受け入れる。そして同年3月、「日米和親条約」が結ばれた。

条約で取り決められたのは、アメリカ船に食糧や水、燃料などを供給すること。アメリカ領事が日本に駐在すること。日本側だけが一方的にアメリカに対して有利な取り扱いをすること（片務《へんむ》的最恵国待遇）――などである。さらには、下田と箱館（函館）を開港することも約束させられた。下田は江戸に向かう船舶の寄港地として繁栄しており、箱館も波が穏やかな天然の良港であった。

ただし、日米和親条約では通商の取り決めまではなされていない。箱館と下田が選ばれたのは、マッコウクジラの漁場に近いため、捕鯨船の寄港に都合がよかったからだ。箱館港と下田港では、アメリカ船に対する薪水《しんすい》や食料の補給は許されたが、貿易のための開港ではないので外国人との交易行為は原則禁止されていた。アメリカとしても、まずは捕鯨船の寄港地の確保を優先させたのである。

とはいえ日米和親条約によって日本の鎖国体制が事実上崩壊したことは間違いなく、その後、幕府はイギリス、ロシア、オランダとも同様の条約を結ぶことを余儀なくされる。

長崎《ながさき》、新潟《にいがた》、神奈川、兵庫《ひょうご》も開港

日本に開国を認めさせることに成功したアメリカだったが、最終目的は日本を市場とすること、つまりは通商条約の締結である。1856（安政3）年に下田に着任したアメリカ総領事のタウンゼント・ハリスは、早速、幕府全権の岩瀬忠震《いわせただなり》らと条約の交渉に入る。
昌平坂《しょうへいざか》学問所出身で開明的であった岩瀬は、軍事修練所である講武所、海軍士官の養成所である長崎海軍伝習所の開設、品川の砲台設置に尽力し、また勝海舟《かつかいしゅう》らを見出し、目付や外国奉行を歴任した人物である。

当時の日本国内では外国人排斥《はいせき》の攘夷《じょうい》運動が盛んであり、幕府内でも通商条約の締結には反対の声が大きかった。だが、ハリスは中国がアロー戦争で英仏連合軍に敗れたことを引き合いに出し、幕府に通商条約の締結を迫った。つまり、拒否すれば戦争になると脅したのである。

これを受けて、幕府は老中の堀田正睦《ほったまさよし》を京都に派遣。朝廷に対して、世界情勢を説き、条約調印の勅許《ちょっきょ》（許可）を求めた。しかし、朝廷は難色を示し、色よい返事をしなかった。すると、大老に就任した井伊直弼《いいなおすけ》の決断により、1858（安政5）年7月、幕府は勅許を得ないまま「日米修好通商条約」を締結してしまう。この際、岩瀬らと議論を交わし、何度も草案を書き直させられたとハリスはのちに述懐している。その後立て続けに、イギリス、フランス、ロシア、オランダとも同様の条約を結ぶ。いわゆる「安政の五カ国条約」である。

条約では、次のようなことが取り決められた。「長崎」「新潟」「神奈川」「兵庫」を新たに開港すること。および、すでに開港している箱館でも通商を許可すること（下田は閉港）。開港場でのアメリカ人の居留。日米両国民の自由な通商。日本国内で発生したアメリカ人の犯罪に対するアメリカ領事による裁判（領事裁判権）。そのほか、関税を自由に決める権利が日本にないことも決められ、片務的最恵国待遇も日米和親条約から、そのまま受け継がれた。

このうち、あとに禍根《かこん》を残すのが、領事裁判権、関税自主権の欠如、片務的最恵国待遇の3点である。片務的最恵国待遇というのは、もし日本がアメリカ以外の国に何らかの優遇措置を取った場合、アメリカにも自動的にその優遇措置が適応されるが、反対にアメリカは日本に対して同等の義務を負わないという内容である。以上の3点は、極めて日本側に不利なものであったが、当時の幕府はその問題性をあまり認識しなかったという。不平等条約の解消に、のちの明治政府は苦慮するのである。

港の話に戻ろう。日米修好通商条約で新たに開港した長崎、新潟、神奈川、兵庫のうち、長崎は鎖国体制下でもオランダとの交易の窓口になっていたため、それほど大きな混乱はなく開港することができた。新潟は信濃川からの土砂が河口に堆積しやすく水深が不足していたことや、のちの戊辰《ぼしん》戦争の影響で開港が遅れ、結局、外国船に向けて開港し、貿易が始まったのは1869（明治2）年になってのことであった。

条約締結後、陸上交通の要《かなめ》である東海道に接している神奈川湊の開港に反対する声が幕府から挙がったため、その対岸の横浜村に新たに港をつくることを計画。神奈川湊に代わって横浜の開港を諸外国に認めさせた。なお、岩瀬らは貿易で得た利益を国防に充《あ》てるよう幕府に提言している。横浜港についてはいては195ページ以下で解説する。

兵庫津は条約で1863（文久《ぶんきゅう》3）年の開港が定められたが、京都に近いこともあり朝廷が反対。ところが、兵庫は西国街道の宿場であり、さらには貿易拠点であったことから、人家が密集していたため、1868（慶応4）年に兵庫津の東にあった海軍操練所あたりを兵庫とすることで開港にこぎつけている。これがのちの神戸港だ。こちらは204ページから詳述する。

小栗忠順《おぐりただまさ》と横須賀《よこすか》製鉄所

「安政の五カ国条約」は、朝廷の勅許を得ないで締結した条約である。そのため、井伊は周囲から強い反発を受け、1860(安政7)年には暗殺される(桜田門外の変《さくらだもんがいのへん》)。一連の西洋列強に対する幕府の弱腰の姿勢は幕政の弱体化を諸大名に印象づけ、倒幕の動きも高まっていく。

そんな幕府にフランスが急接近する。1864(元治《げんじ》元)年に着任した外交官のレオン・ロッシュは横浜仏語伝習所の設立や、本国から軍事顧問団の招聘《しょうへい》、幕政改革構想の提言など幕府を支援。加えて、近代的な造船所を必要としていた幕府代表の小栗忠順らを後押しした。ロッシュとともに幕府を説き伏せた小栗は、来日したフランス人技師のレオンス・ヴェルニーらと協力し、「横須賀製鉄所」を建設した。

製鉄所というと、鉄鉱石から製品をつくり出す、文字どおりの製鉄所を連想するだろうが、横須賀製鉄所は船の建造、修理を目的とした施設だ。「横須賀造船所」と名を改めた1871(明治4)年には、日本初となる西洋式石積みドライドックが完成している。ドライドックとは船を入れたあとに排水する仕組みの修理施設で、横須賀のドックは今なお現役で稼動中である。なお、このドックは、ヴェルニー公園や「一国坂《いっこくざか》」から見られる。

また、建設時の設計に日本で初めてメートル法や近代的な労働時間が採用されるなど、横須賀製鉄所からの〝日本初〟は少なくない。さらに、造船所にもたらされた西洋の高度な技術は、横須賀造船所から全国へと波及していった。

造船所を中心に発展していった横須賀の街は1884（明治17）年、海軍管轄となって横須賀鎮守府が置かれ、軍事の一大重要拠点となる。その一方で、進水式や軍港内の見学が指定旅館案内業者により行なわれるなど、観光が一大産業となった。現在の「みなとまち観光」の先駆けともいえる存在なのだ。

横須賀製鉄所がつくられたことが、日本にとっていかに重大だったかを物語るエピソードを紹介しよう。日露戦争でロシアのバルチック艦隊を破った連合艦隊司令長官の東郷平八郎《とうごうへいはちろう》が、小栗の子孫を家に招き、日本艦隊が勝てたのは「小栗さんが横須賀造船所をつくっておいてくれたおかげです」と述べたという。

開港以来、日本最古のドライドック群や戦前の建築群はもちろん、ソフトフランスパンなど、フランスとの深いつながりを示す建物や横須賀の文化は、今も横須賀に根づいている。また、開港以来の人口増大の結果、住民は背後の谷や台地に集中して坂道が発達し、「海と船が見える坂道」となっている。

お雇い外国人——西洋科学技術の導入

大臣並みの月給、邸宅は無償提供

日本に招聘したオランダ人のように、欧米の進んだ科学技術や社会制度を学ぶために、日本政府が雇った西洋人を「お雇い外国人」という。じつは、同じような存在は江戸時代にもいた。たとえば、幕末に幕府の外交顧問として雇われたドイツ人医師フランツ・シーボルトや、横須賀製鉄所の設立のためフランスから招かれた技師レオンス・ヴェルニーなどがこれにあたる。

だが、本格的に数多くのお雇い外国人が来日したのは、明治時代に入ってからのことだ。開国により否応《いやおう》なく西洋列強と向き合うことになった明治政府は、急いで日本の近代化を進める必要に迫られた。しかし、国内には近代化を指導できるような人材が少なく、専門家をヨーロッパから招く必要があったのだ。その分野は医学や法律、教育、芸術、軍事など多岐にわたる。そして、明治時代初期の近代港の築港の多くが、お雇い外国人の手によってなされるのである。

明治政府は、お雇い外国人を手厚く遇した。往復の旅費はもちろん、住宅を新たに建てて無料で貸与。給与も当時としては破格であった。１８７４（明治7）年の政府雇い外国人の月給統計によれば、８００円以上の月給を支払っていたお雇い外国人が10人もいる。当時の８００円は現在の貨幣価値に換算すると約１０００万円にもなり、そのころの大臣とほぼ同額だ。それ以外のお雇い外国人も１００円以上の高給取りだった。

この出費は明治政府にとってかなりの負担となり、財政を圧迫。結果的に、日本国内で日本人の専門家の養成を促進し、日本の近代化を加速させたという側面もある。

オランダ人技師たちの貢献

明治時代に築港をはじめとする近代的なインフラ設置に関わったのは、オランダ人、イギリス人技術者である。インフラ面においていえば、日本の近代化を先導したのはイギリス人技術者だったが、こと築港や水運に限っていえばオランダ人技術者たちが主流であった。というのも、当時の港湾・河川は海運・水運を目的としていたからだ。

明治政府は殖産興業を推進する一環として、河川や港湾の水上輸送に力を入れていた。そこで西洋の科学技術を導入し、全国的に河川と河口の改修を推し進める。そこで、オランダ人技術者を招聘し、その指導のもと、川底の浚渫や船舶障害物を除去するなど、水運の利便性を高めるための低水工事を進めた。

オランダ人技術者を招聘した理由は以下のとおりである。オランダは国土の大半が低地にあり、4分の1は海面下にある。長い年月をかけて干拓《かんたく》を続け、土地を確保し、運河や水路を使った内陸水運が盛んであった。そのため、港湾や運河・水路、干拓、灌漑《かんがい》といった土木技術に関して、当時ヨーロッパ随一《ずいいち》のレベルの高さを誇っていたのだ。

お雇い外国人として日本に初めて訪れたオランダ人技師は、技術官僚だったコルネリス・ファン・ドールンだ。1872（明治5）年に来日すると、明治政府の依頼により、日本各地の港湾・河川の整備の任に就いた。

ドールンが日本に残した業績のうち、福島県の安積《あさか》原野に農業用水、工業用水、飲用水を供給する安積疏水《そすい》の工事は成功し、大きな成果を挙げた。しかし、内務卿・大久保利通《おおくぼとしみち》の肝いりで、政府も期待していた野蒜《のびる》築港（宮城県）は完成を断念している。野蒜港については181ページでくわしく解説する。

加えて、ドールンは政府から大阪港の築港も依頼され、1873（明治6）年に母国からジョージ・アーノルド・エッセル、ヨハニス・デ・レーケら技師を呼び寄せている。このうち、デ・レーケは明治初期の築港において非常に大きな役割を果たした人物である。築堤《ちくてい》職人の息子として生まれ、自身も土木技術者となったデ・レーケの専門分野は土砂災害を防止するための砂防であり、日本に初めて体系的な砂防の技術を伝えたことから「砂防の父」とも呼ばれている。デ・レーケが建設した砂防ダムや防波堤は、1世紀以上を経《へ》た今も日本各地に残されている。

デ・レーケ最大の功績は大阪港の築港だろう。来日してすぐに、大阪港の築港がデ・レーケに一任された。そもそもデ・レーケがとりかかる以前の築港計画では、天保山付近の河口に港をつくるというものであった。ところがデ・レーケは、この河口港案を否定し、海港をつくるべきと提言。提言に沿う形で1894（明治27）年にデ・レーケが作成した計画書は、広範囲におよぶ海象、気象、土質調査に基づく緻密《ちみつ》なものであった。同計画書は、海底土質の地耐力調査に基づいた防波堤の設計、施工法についても詳細に検討されており、将来の船舶の大型化も予測し、それに対応した港づくりを含むなど、極めて画期的であった。

この計画書を基に、1897（明治30）年に大阪港は築港される。その後、大阪港は発展し、現在は日本の国際貿易の拠点である五大港の1港に数えられ、「国際コンテナ戦略港湾」の指定を受けるほど重要な港となっている。その礎を築いたのがデ・レーケなのである。

デ・レーケは以後も、鳥取港や細島港《ほそしま》（宮崎県）など日本各地で築港に携わり、30年近く日本に滞在した。その功績により、1903（明治36）年に帰国する際には、「日本の土木の基礎を築いた」として勲二等瑞宝章《ずいほう》が授与され、現在の貨幣価値にして数億円の退職金が支給された。また、1942（昭和17）年に土木学会が発刊した『明治以後本邦土木と外人』の中では、「本邦土木に偉功《いこう》を樹《た》てしこと、長工師ドールンに譲らざるのみならず、却《かえ》って之《これ》を凌《しの》ぐものあるを思はしむ」と称《たた》えられている。

最後にもうひとり、オランダ人の「お雇い外国人」を紹介しよう。それは、1879（明治12）年にエッセルの後任として来日したローウェンホルスト・ムルデルだ。ムルデルは、新潟築港についての調査や、東京築港の計画立案、函館港の水深が浅くなっている問題についての調査、宇品港《うじな》（現在の広島港）の築港、三角港《みすみ》（熊本県）の設計などに携わった。ほかにも、利根川運河の工事を指揮するなど、ムルデルもまた明治初期に日本のインフラの近代化、とくに近代的な港の築港に関して大きな功績を残した人物である。

「灯台の父」ブラントンと「水と港の恩人」パーマー

港湾に欠かせない設備のひとつに灯台がある。お雇い外国人として数多くの近代的な灯台の設置を手掛け、「日本の灯台の父」と称されるのが、イギリス人のリチャード・ブラントンだ。

ブラントンは、本国では鉄道会社の土木首席助手として鉄道工事に従事していた。それが、イギリス政府から日本に派遣される灯台技師として採用され、1868（慶応4）年に来日する。明治政府が雇ったお雇い外国人の第一号だ。

じつは、ブラントンの専門は鉄道工事であり、灯台建設は専門外だった。しかし来日直後から、ブラントンは精力的に日本各地に灯台を建設した。1876（明治9）年までの約8年間の在任中に、全国に建てた灯台は26基にもおよぶ。なかでも、三重県鳥羽市菅島《すがしま》にある菅島灯台は、日本最古の煉瓦式灯台として現在も稼働している。

ブラントンは築港にも深く関わっており、横浜港、大阪港、新潟港の築港計画に関しての詳細な意見書を政府に提出。本職である鉄道関連でも、日本最初の鉄道建設についての意見書も提出している。これら以外にも、1869（明治2）年に築地―横浜間に日本初の電信架設を設置したり、横浜の日本大通《おおどおり》などに西洋式の舗装技術を導入した街路を整備したりするなど、日本のインフラの近代化に果たした功績は大きい。

ブラントンの帰国後、その仕事を継いだイギリス人技術者がヘンリー・スペンサー・パーマーだ。イギリス陸軍の工兵将校だったパーマーは、1883（明治16）年に来日。まず手掛けたのは、横浜水道の設計・建設であった。神奈川県から横浜上水道建設計画の依頼を受けたパーマーは実地測量から計画を立案し、顧問工師長として工事の指揮にあたり、2年をかけて日本初の近代水道である横浜水道を完成させた。

軍を退官したあともパーマーは日本に残り、1888（明治21）年には内務省土木局名誉顧問技師として勅任官の待遇を受ける。翌1889（明治22）年、横浜港の修築計画をめぐり、デ・レーケ案とパーマー案が競争。パーマー案が採用され、横浜築港計画を工事監督として指揮する。横浜港の築港には、ブラントンの作成した計画書がかなりの部分で反映されたという。以後、大阪水道、神戸水道、函館水道、東京水道などの建設計画や、各地の港湾設計に携わったパーマーは日本人女性を妻にし、一女をもうけた。母国に帰ることなく、1893（明治26）年に日本で生涯を閉じる。パーマーの遺体は、青山《あおやま》霊園の外国人墓地に埋葬されている。

なお、パーマーは横浜では「水と港の恩人」と呼ばれている。さらにこののち、港に関する技術においては、オランダ式に代わりイギリス式が主流となった。

このように、日本の港湾の近代化はお雇い外国人の手によって達成された。だが、明治中期になると、欧米に留学して技術を習得した日本人技術者が育ってきたこともあり、お雇い外国人の活躍の場は減っていく。とはいえ、お雇い外国人の存在がなければ、短期間で日本が近代国家に生まれ変われなかったのは事実である。

明治三大築港――福井、熊本、宮城

三国港《みくに》――日本初の西洋式防波堤を擁する

江戸時代まで、日本の港の多くは桟橋《さんばし》程度しかもたない、非常に簡素なものであった。だが江戸時代末期ごろより、西洋の技術が導入され近代的な港がつくられるようになる。その嚆矢《こうし》となったのが、福井県坂井《さかい》市の「三国港」、熊本県宇城《うき》市の「三角西港」、東松島《ひがしまつしま》市の「野蒜港」だ。これを、「明治三大築港」という。

まずは福井県出身の私と仕事でも縁のある三国港から紹介していこう。

福井県の九頭竜《くずりゅう》川河口付近に位置する三国港は、海運と内陸水運の結節点として古くから栄えていた港であった。室町時代には「三津七湊」と呼ばれた日本の十大港湾のひとつ（三国湊）にも選ばれており、江戸時代になると北前船の出入港として多くの商人たちでにぎわうようになる。

しかし、明治時代に入ったころには、上流からの土砂が堆積して大型船が入港するための水深が確保できなくなり、港としての機能を失いかけていた。そこで、三国の豪商らは私費で波止場を新築したいという願いを政府や県に提出。この請願を受け、内務省から派遣されたのが、「お雇い外国人」のジョージ・アーノルド・エッセルである。

エッセルはオランダ出身で、171ページで紹介した同郷のヨハニス・デ・レーケとともに1873（明治6）年に来日していた土木技術者だ。1876（明治9）年9月に福井に入ったエッセルは、精力的に現地調査を重ね、三国港の改修計画を立てた。そして、九頭竜川上流の複数個所で土砂を減らすための工事を指示し、さらに気象観測装置やクレーンの設計から、港を築く材料となる岩石の集積場や積出場所の選定まで行なった。工事に使用する岩石は東尋坊《とうじんぼう》一帯から採取し、船で運ばれることとなった。

明治三大築港

3港とも地域開発の新たな拠点となるよう築港された。

こうして、慎重な準備期間を経て、1878(明治11)年から三国港の築港が開始される。ところが、ちょうどそのころエッセルの任期が終わり、帰国することになってしまう。跡を引き継いで工事の指揮を執ったのがデ・レーケである。デ・レーケはたびたび現地を訪れ、直接指揮を執った。

工事は冬の日本海特有の荒天やコレラの流行、工事費の高騰などに悩まされ、難事業となった。だが、数々の困難を乗り越え、開始から2年後の1880(明治13)年、ついに改修作業は終わり、三国港は日本初の西洋式防波堤を備えた近代港として生まれ変わった。このときつくられた西洋式防波堤はエッセルが設計したもので、現在でも「エッセル堤」と呼ばれ、建設から100年以上経った現在も健在だ。2003(平成15)年には国の重要文化財の指定を受けている。

三国築港の総工事費は約30万円。そのうち8万円は三国の商人たちが負担した。つまり、三国港は2人のオランダ人技術者と地域の人々の熱意によって完成したといっても過言ではない。その後、1971(昭和46)年に三国港は福井港と改称された。三国の港街については、北前船の時代に栄えた街並みや風情を残しており、それを保存再生すべく、まちづくりが行なわれている。

三角《みすみ》西港──世界遺産に登録

2港目は熊本県の「三角港」だ。三角港は西港と東港に分かれているが、ここで紹介するのは西港のほうである。

1880（明治13）年、熊本県は坪井《つぼい》川河口にあった百貫《ひやつかん》港を近代的な貿易港に生まれ変わらせるための建築申請を内務省に行なう。その要請を受けて政府から派遣されたのが、172ページでも紹介しているオランダ人のローウェンホルスト・ムルデルだ。

現地調査を実施したムルデルは、百貫港のある土地よりも、天然の良港となりえる宇土《うと》半島先端に新たに港を築くべきだと提言した。提言は受け入れられ、築港されることになったのが「三角西港」である。

ムルデルの指揮のもと、1884（明治17）年に工事は始まり、3年後に完成。埠頭《ふとう》や排水河川といった港としての機能以外にも、橋や石積みの水路や道路が計画的につくられ、さらに海運倉庫、旅館などの洋風建築も建てられたことで、熊本県にモダンな港街が誕生した。その後しばらくのあいだ、三角西港は人でにぎわったという。

しかし、西港の背後には山が迫っており、港の拡張が難しかったため、明治の中ごろから東港が整備されるようになる。さらに、九州鉄道（当時）の三角線も東港へと接続されたことで物流や人は東港へと移り、西港は寂れていった。ところが、このことがある意味、功を奏すこととなった。

早くから港機能の中心が東港へと移行したため、西港の施設は建設当初の原型のまま残されたのだ。いわば、明治時代の港街がそのままタイムカプセルに封じ込められたようなものだ。

その結果、三角西港は明治時代の貴重な港湾史跡として2002（平成14）年に国の重要文化財の指定を受け、2015（平成27）年には、「明治日本の産業革命遺産――製鉄・製鋼、造船、石炭産業」（以下、「明治の産業遺産」）のひとつとして世界遺産に登録された。

そんな三角西港では、石積みの埠頭や水路、1902（明治35）年に宇土郡役所として建てられた洋館、港の最盛期に建てられた海運倉庫（現在は築港記念館）、明治20年代に荷役・乗客を扱う回船問屋として建てられた高田回漕店《たかだかいそうてん》など、往時を偲《しの》ばせる景観が訪れる人を楽しませてくれる。とくに、港の石積みの岸壁と、宇土裁判所跡が位置する高台から港にまっすぐに続く石積みの水路が見所である。

野蒜港《のびる》——巨額の国費が投じられる

三国港と三角西港の築港は成功を収めたが、明治三大築港の最後の1港、宮城県の「野蒜港」は整備途中で事業を終えている。何があったのだろうか。

野蒜築港は、鳴瀬《なるせ》川河口に内港、野蒜村に外港を設けるだけにとどまらず、浜市《はまいち》村に新市街をつくり、周辺に鉄道、道路、運河などを新設することで、宮城県の主要都市ならびに岩手県と福島県を結ぶ水運・陸運にまたがるネットワークを構築するという気宇壮大《きうそうだい》な計画の肝《きも》であった。

その設計と工事を任《まか》されたのが、オランダから招いたお雇い外国人のコルネリス・ファン・ドールン（170ページ参照）だ。当初、政府の計画では新規開港の候補地に仙台湾の石巻などが挙げられていたが、野蒜の地に決定したのはドールンの案によってである。選定の理由は、宮戸《みやと》島によって外海の波浪が緩和されること、北上運河や東名《とうな》運河と合わせて塩釜《しおがま》と石巻に近く船の便がよいこと、鳴瀬川を改修すれば水運が利用できること、土砂が少ないことなどであったという。

1878（明治11）年7月に工事が始まると、すぐに数々の困難に見舞われる。まず、波浪の影響が少ないとされていたにもかかわらず、建設途中の突堤が波浪により何度も破壊され、設計時よりも規模を縮小してつくらざるを得なくなった。また、土砂が少ないとされたにもかかわらず、実際には土砂の堆積が激しく、計画の修正を余儀なくされた。このような、たびたびの計画変更に加え、おりしも物価が高騰したため工事費が予定より大幅に上昇することとなった。

それでも、内務省が追加予算を投じたことで、1882（明治15）年には突堤と北上運河が完成。野蒜築港の第1期工事は終了した。総工費は当時の一般的な築港の数倍から数十倍規模の約67万円。現在の貨幣価値に直すと、40億円以上となる。

ところが、これほどの巨費を投じたものの、完成後の野蒜港は使いづらいものであった。船着き場には、つねに南、あるいは南東の風が吹きつけ、船の安全性が脅《おびや》かされたのである。追い打ちをかけるように、完成から2年後の1884（明治17）年9月に台風が直撃し、突堤が崩壊する。このことがダメ押しとなって、ついに政府も野蒜築港を断念することとなった。理由としては、予算的に苦しかったこともあるが、オランダの技術が運河や河川など、内陸水運中心であったことが原因と考えられる。これ以降、仙台湾における大規模港湾整備は、大正時代の塩釜港の築港まで先延ばしにされた。

なお、私は以前、野蒜港のレンガ積みの遺構を見たことがある。しかし、それも201

1（平成23）年の東日本大震災の津波で被害を受けている。

大久保利通《おおくぼとしみち》が立案した「7大プロジェクト」

ところで野蒜築港は、「1878年の土木7大プロジェクト」、あるいは「東日本7大プロジェクト」などとも呼ばれる、明治初期の国家プロジェクトの一環であった。これは殖産興業を目的としたインフラ整備と、当時社会問題となっていた不平士族に対する経済的救済を目的とした公共事業であり、1878（明治11）年に内務卿の大久保利通が立案したものだ。

7大プロジェクトの内訳は次のとおりである。

①野蒜築港。
②新潟港の改修。
③清水《しみず》峠に道路を新設し、新潟県と群馬県の間を陸路で結ぶ。
④大谷《だいや》川の運河と北浦《きたうら》と涸沼《ひぬま》間を開削し、那珂港と水運で結ぶ。
⑤阿武隈川の改修。および、貞山《ていざん》運河の整備。

⑥阿賀野川の改修。
⑦印旛《いんば》沼と検見《けみ》川を運河で結び、東京までの運路を設ける（印旛放水路）。

プロジェクトの具体的な計画設計には、大久保の依頼を受けたドールンが深く関わっている。立案の2カ月後に「紀尾井坂《きおいざか》の変」が起こり、大久保は不平士族によって暗殺されてしまうが、計画はそのまま実行に移される。計画当初の総予算は約150万円だったという。

7大プロジェクトのうち、野蒜築港や清水峠の整備はうまくいかず、大谷川と印旛沼の運河は延期もしくは中止となるが、大きな成功を収めたプロジェクトもある。たとえば、阿賀野川の改修によって周辺の農耕地は拡大し、阿武隈川と貞山運河の整備は地域の水運を活性化させた。このように試行錯誤を重ね、日本の近代化は進められたのである。

この7大プロジェクトは、鉄道という大量輸送可能な陸上交通が主役になる前の、河川・港湾を利用した内陸水運と陸上交通による幹線輸送網の補完、内陸水運と沿岸海運との結節点となる河口港など、近世までの国内の輸送体系の延長とみることができる。

近代の港湾《こうわん》と日本人――4人の功労者

古市公威《ふるいちこうい》――港湾工事の先鞭《せんべん》をつける

明治期の港湾開発は、国の機関である内務省の土木局、各地の地方自治体、民間企業などによって進められた。なお、内務省の土木局は現在の国土交通省となっている。

日本で初めて近代的な築港が進められた時期には、多くの課題があった。資金の調達、政府と地方自治体の関係調整、西洋式の測量や設計、レンガやコンクリートなどの国産化、お雇い外国人に代わる若い技術者の育成などだ。

これらに取り組んだ功労者は数多いが、その先駆者といえるのが古市公威《ふるいちこうい》であろう。幕末の1854（嘉永7）年に現在の兵庫県に生まれた古市は、21歳でフランスに留学し、パリの中央工業大学にあたるエコール・サントラルで学んだのち、パリ大学理学部に進学して上から2番目という好成績で卒業した。

帰国後の古市は内務省土木局に勤務し、福井県の三国港の築港、新潟県を流れる信濃川や阿賀野川の治水など各地の港湾や河川の整備を指揮する。とくに秋田県の土崎港では、潮流や波浪による陸地崩壊（海蝕《かいしょく》）の危険性を指摘して、みずから波止場の設計に当たり、完成した波止場は古市波止場と呼ばれた。

その後、古市は内務省の土木局長、逓信《ていしん》省の次官、鉄道作業局長官などを歴任するが、東大教授で工学博士の中山秀三郎《なかやまひでさぶろう》とともに東京港の築港計画にも深く関わった。ヨーロッパの主要都市では大港湾の多くが河口に築かれていたので、古市は横浜ではなく東京湾の隅田川河口に大規模な港湾を建設する必要性も説いている。

沖野忠雄《おきのただお》──全国60カ所の港湾と河川を整備

大阪港の建設を指導した沖野忠雄《おきのただお》は古市と同年生まれで、同じく現在の兵庫県に生まれた。沖野は古市より1年遅れで同じフランスのエコール・サントラルに留学し、パリで実地研修に参加したのち、１８８１（明治14）年に帰国する。

帰国後は東京工業大学の前身となる職工学校に勤務したのち、内務省土木局に移り、大阪土木監督署長に就任した。当時の大阪では淀川河口に大量の土砂がたまっていたが、沖野は１８９６（明治29）年から淀川の改良工事と、大阪港の改修工事を進める。この過程では最新の掘削機、浚渫船、起重機船（クレーン船）などを欧米から輸入、さらに試行錯誤を重ねて国産のコンクリートブロックを開発し、防波堤に使用した。これは日本における近代的な技術を導入した港湾工事の先駆けとなる。

大阪港の築港は1905（明治38）年にほぼ完了し、大阪市は沖野の功労に対して謝礼金を出そうとしたが、謙虚な性格の沖野はそれをあえて断わっている。

このほか、沖野は北海道の根室《ねむろ》港から沖縄県の那覇《なは》港まで、生涯に全国約60カ所もの港湾と河川の工事を指揮した。郷里の円山《まるやま》川からも水害対策を頼まれたが、自分の地元だからといって優先はせず、工事の順番は公平を貫《つらぬ》いている。

広井勇《ひろいいさみ》――コンクリートによる築港技術を確立する

古市、沖野と並ぶ近代港湾開発の偉人といえるのが広井勇《ひろいいさみ》である。幕末期に現在の高知県に生まれた広井は、東京外国語学校と工部大学校予科を経て札幌《さっぽろ》農学校で土木工事を学び、北海道開拓使、工部省に勤務した。

1883（明治16）年に広井は私費でアメリカに留学し、橋桁《はしげた》設計技術についての著作を刊行する。これはアメリカでも土木技術者の教科書に使われたという。さらにドイツに留学した広井は帰国後、札幌農学校土木工学教授に就任した。

広井は北海道各地の土木工事に関わり、1897(明治30)年から小樽《おたる》港の工事を指揮。日本人の手による初の港湾調査、計画、設計であった。

冬場の小樽港は、強い北西の季節風により荒波に見舞われるため、波から港を守る防波堤が必要となる。この防波堤に当たる波の力を算定する式を、現場での試験・観測によりつくったのが広井その人である。その式は長く日本の防波堤の設計に用いられた。

また、防波堤には堅牢《けんろう》なコンクリート岩壁を築く必要があったが、広井はみずから現場に出てセメントの配合をくり返し、セメント材料に火山灰を混ぜることで費用を抑えつつ強度を高めるという、一石二鳥の方法を採用した。防波堤に使うコンクリートは耐用年数100年をめざし、広井の死後まで品質向上のための試験が続けられ、40年間につくられた試験片は6万個におよんでいる。このコンクリート試験片のおかげで、コンクリートの劣化に関するデータ収集が可能となるとともに、現在の土木工学に役立っているのだ。

小樽港は1922(大正11)年にようやく第2期工事が完工。広井がこれまでの経緯をまとめた著作『築港』は、日本初の港湾工学の専門書となった。

広井は函館港、清水港、朝鮮半島の仁川《インチヨン》港などの改良に携わっており、その仕事ぶりは海外からも高く評価された。

浅野総一郎《あさのそういちろう》――京浜《けいひん》工業地帯の基礎を築く

技術者だけでなく、実業界から日本の港湾開発に寄与した人物も少なくない。その代表をあえてひとり挙げるなら、浅野《あさの》財閥を築いた浅野総一郎《そういちろう》だろう。

現在の富山県に生まれた浅野は、明治時代初期に東京に出てきて石炭の取引に従事し、第一銀行や王子《おうじ》製紙などを創設した渋沢栄一《しぶさわえいいち》の知遇を得て数々の事業に携わった。1883（明治16）年に払い下げられた官営深川《ふかがわ》セメント工場をもとに、現在の太平洋セメントの前身となる浅野セメントを創業。1891（明治24）年には東洋汽船を設立し、日本初の太平洋定期航路を拓《ひら》いた。

当時、横浜港から東京への貨物輸送は小型船のハシケに頼っている状態であった。浅野は「港のない都市など、玄関のない家と同じだ」という考えのもと、東京―横浜間の運河開削と、鶴見《つるみ》、川崎《かわさき》沿岸の港湾開発を提唱する。

1908（明治41）年、浅野は渋沢や安田《やすだ》財閥の安田善次郎《ぜんじろう》とともに埋立組合を設立し、150万坪（約500万平方メートル）の埋立て、延長4100メートルの防波堤の築堤、運河開削、橋の架橋などを含めた「鶴見・川崎地先《じさき》の海面埋立事業」を神奈川県に申請した。事業は1913（大正2）年に着工され、1928（昭和3）年に完成する。これが現在の京浜工業地帯の基礎となった。

鶴見、川崎の浚渫工事にあたっては、日本で初めて回転式のカッターで海底の土砂をすくって吸入するポンプ船が導入されている。埋め立て地は鶴見から川崎まで7区に分割されていたが、このうちの川崎側の第6区に浅野造船所が建設された。

現在も横浜市から川崎市にかけて運行されているJR鶴見線の浅野駅は浅野の名に、その隣にある安善《あんぜん》駅の名は安田善次郎にちなんでいる。

殖産興業──国が決めた「重要港湾」とは

軽工業から重工業への転換

明治新政府にとって最大の課題は、西洋列強に対抗するため、国の近代化をどれだけ早く進められるかにあった。そのためには、産業を起こし、外国との貿易で利益を上げなければならなかった。

明治初期の日本のおもな輸出品は生糸である。1868（明治元）年の外国貿易における輸出額は約1500万円だったが、1882（明治15）年には約3800万円と倍以上になっている。その輸出品の半分近くが生糸であった。短期間で生糸の輸出額が倍増したのは、政府が強く後押ししたからである。1872（明治5）年には官営の富岡《とみおか》製糸場が建設され、その輸出のために鉄道敷設と横浜港の整備が進められた。

だが、生糸の生産・加工は軽工業であり、近代化を進めるためには重工業の発展が欠かせなかった。そこで政府は、1880（明治13）年に岩手県の釜石に、1895（明治28）年に福岡県の八幡《やはた》に官営の製鉄所を設立。これにより、釜石港や現在の北九州港の洞海《どうかい》地区は工業港として発展していく。続いて、住友《すみとも》家が経営していた別子《べっし》銅山によって発展した愛媛県の新居浜《にいはま》港や、三井《みつい》鉱山のための港としてつくられた福岡県の三池《みいけ》港など、日本各地に工業港が誕生したのである。

重工業が発展していくにつれ、運輸や輸出のための港の重要性がますます高まっていった。政府は1900（明治33）年に港湾調査会を発足させ、日本中の港湾の調査、および築港計画の立案を行なうことを決定。調査会の活動は1904（明治37）年に勃発した日露戦争によって一時中断するが、戦後の1907（明治40）年に第二次港湾調査会として

府に提出する。1年間をかけて全国の港湾を調査し、「重要港湾の選定及び施設の方針」を政府に提出する。

この方針によって、国が優先して開発に力を入れるべき港が決まる。第1種重要港湾として選定されたのが、横浜港、神戸港、関門港、敦賀港の4港。そして大阪、東京、長崎、青森、秋田海岸（船川《ふながわ》・土崎）、新潟、境《さかい》、鹿児島、伊勢湾（四日市）、仙台湾（塩釜）が第2種重要港湾として選定された。

第二次港湾調査会の活動は1923（大正12）年まで続けられ、計12回の調査が行なわれた。その過程で、名古屋、清水、那覇が第2種重要港湾に追加されている。この調査に基づき、政府の港湾政策は進められ、日本の近代化の象徴ともいうべき近代港の整備は進められたのである。

北九州港――産業革命遺産の一角

国際拠点港湾「北九州港」は九州最大の港である。ただし、最初から北九州港が存在したわけではなく、1963（昭和38年）、それぞれが異なる特色をもった門司《もじ》港、小倉《こくら》港、洞海港が合併し誕生した。

門司港は外国との貿易拠点であり、小倉港は軍都でもあった北九州最大の商業都市の小倉に存在し、そして洞海港は富国強兵・殖産興業と深く関わっている。

さらに、洞海港は若松《わかまつ》港、戸畑《とばた》港、八幡港に分かれていた。若松港は築豊《ちくほう》地方から運ばれる石炭の最大の積出港として、戸畑港は八幡製鐵所の関連企業や水産加工業などをもとに多様性のある港として発展した。ちなみに八幡港は釜石に続き、わが国で2番目につくられ、1901（明治34）年に操業開始した官営八幡製鐵所を中心として発展した。

1910（明治43）年には、遠賀《おんが》川からくみ上げた冷却用の水を製鉄所まで運ぶ水道が整備されたことで、八幡製鐵所の年間の鋼材生産量は倍増。産業の活発化により港湾とその周辺地域はますます発展を遂げた。

戦後、各港の統合が進んだのは前述したとおりである。2015（平成27）年には、「明治日本の産業革命遺産」における23の構成資産のひとつとして、現在も稼働する八幡製鐵所（新日鐵住金《しんにつてつすみきん》八幡製鐵所）が世界文化遺産に登録された。なお、若築《わかちく》建設が運営する「わかちく史料館」では、洞海湾の歴史を知ることができる。

港とともに発展した日本の4大工業地帯のひとつに数えられただけあり、北九州の街は〝港と船が見える坂道〟や角打《かくう》ちなど、産業の歴史・文化であふれている。

100年後も見据《す》えて

世界遺産「明治日本の産業革命遺産」23資産のうち、福岡県大牟田《おおむた》市に位置する「三池炭鉱・三池港」(三池炭鉱宮原《みやのはら》坑、三池炭鉱万田《まんだ》坑、三池炭鉱専用鉄道敷跡、三池港)は、團琢《だんたく》磨《ま》という技術者であると同時にすぐれた経営感覚を有したひとりの人物の、努力と先見性から生まれたといってもよいだろう。

殖産興業に力を入れる明治初期の日本では、政府主導のもと、官営の製鉄所の建設や炭鉱の開発が次々と進められた。三池炭鉱も、そのひとつとして歴史をスタートさせている。しかし、競合事業者から民業圧迫と批判されたため、政府は三池炭鉱を民間に払い下げることを決めた。三池炭鉱における石炭の輸送と販売権を得ていた三井組(旧三井物産)は、軌道に乗ってきた事業を失うわけにはいかず落札する。とはいえ、炭鉱経営のノウハウがなかったため、三池鉱山局に勤めていた團を引き抜き、三井三池炭鉱社の事務長に据《す》えた。團は精力的に活動し、三池炭鉱の出炭量を増加させ、それに対応すべく築港を発案。こうしてつくられたのが、三池港だ。

1908(明治41)年に竣工《しゅんこう》した三池港は西洋の最新技術を取り入れ、かつ大規模なものだった。干満の差が数メートルにおよぶ有明《ありあけ》海沿岸にあるため、港の入口には、パナマ運河でも使われている閘門方式を採用している。

そして何より、團が築港に取り組んだのは炭鉱経営のためだけではなかった。石炭が枯《こ》渇《かつ》したあとでも、港があれば新たな産業を起こすことができると、100年後を見据えた街のありかたまでを構想しての築港だったのである。

1997（平成9）年に三池炭鉱が閉山したのち、三池港は整備が進められ、現在は福岡県が港湾管理者となり、地域産業を支えている。

横浜港──「世界のYOKOHAMA」の160年

開港に適していた地形

日米両国間で1858（安政5）年に結ばれた「日米修好通商条約」に基づき、1859（安政6）年7月1日、武蔵《むさし》の久良岐《くらき》郡横浜村（現在の横浜市中区）に横浜港は開港した。

前述したとおり、条約によれば横浜の地でなく、東海道に面した神奈川湊を開港する予定だったが、神奈川宿との近さを幕府は懸念。その対岸の横浜の地も神奈川だとして開港まで強引にこぎつけた。なお、条約交渉の全権だった岩瀬忠震は「条約と異なる」と、神奈川湊の開港を主張している。

とはいえ横浜は、外国の大型船が湾深部にまで入れるほど十分な水深があるうえ、北・西・南の三方が丘陵に囲まれていることから年間を通して波が穏やかであり、港の建設地としては適していたのだ。

貿易港として開かれた横浜港には、開港前後から江戸の大商人や神奈川湊などの廻船問屋をはじめ、全国から商売のチャンスをかぎつけた商人が集まり、横浜港周辺は急速に発展していく。また開港と同時に、20名以上の西洋の商人も横浜に居住（彼らは日本に永住する）。さらに一攫千金《いっかくせんきん》を狙った西洋人も次々と来日してきた。

日本からのおもな輸出品は、くり返すが生糸と茶である。とくに生糸の輸出量は莫大で、神戸港が整備されるまでは横浜港が日本の生糸輸出を一手に引き受けていた。そのため、「ＹＯＫＯＨＡＭＡ」は生糸貿易港として世界的にその名を知られるようになる。

海外からのおもな輸入品は、綿糸や織物、砂糖、兵器、船などだ。これらの貿易により、１８６８（慶応4）年から１８８０（明治13）年までの間、横浜港での取引は全国貿易

1906（明治39）年の横浜港

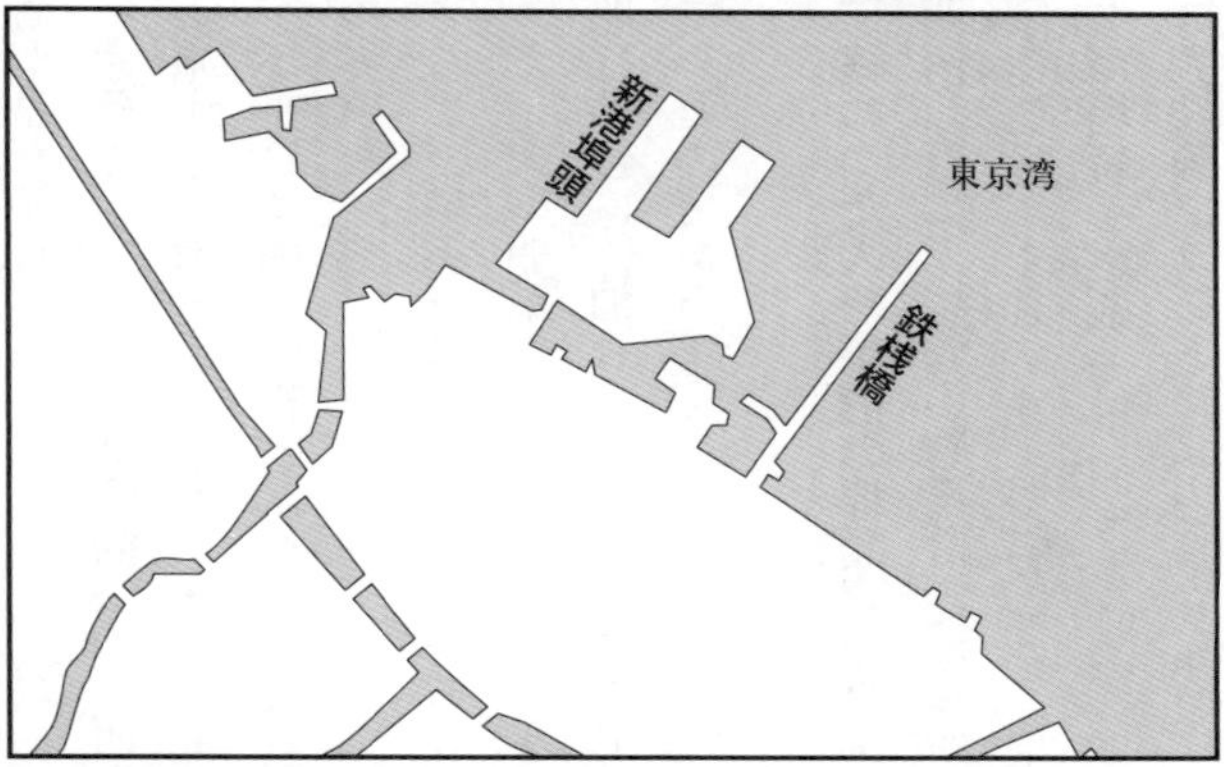

鉄桟橋と新港埠頭がそろい、ようやく外国の大型船が停泊できるようになり本格的に貿易港として始動した。

横浜市港湾局HP「横浜港 象の鼻地区」内の「象の鼻地区の歴史」の図を元に作成

額のほぼ7割を占め続けた。

大型船が接岸できない不完全な設備

開港当初から横浜港では盛んに貿易が行なわれていたものの、近代的な貿易港とはいえなかった。海港においては、船舶の出入港手続きや碇泊《ていはく》手続きなどを定めた港則を制定するのが国際的な常識だ。日米修好通商条約をはじめとする、幕府が西洋各国と結んだ修好通商条約では、港則は地方長官と各国領事との間で協議し、まとまらなければ日本政府と各国公使の間で協議することになっていた。だが、いっこうに協議はまとまらず、明治時代に入ってもそのままの状態に置かれたのだ。

そもそも、一連の修好通商条約は西洋側に有利な条約であり、日本側に独自に海港行政を実施する自由はなかった。結局、港の使用ルールである港則が横浜港に制定されたのは、不平等条約が改正された1899（明治32）年のことである。開港から40年もの時が経っていた。

さらに、横浜港は十分な水深がありながら、長らく外国船は直接、岸壁に横づけできなかった。大型船が横づけできるような埠頭がなかったためだ。そのため、海外から来た大型船は沖合に停泊し、そこから陸まではハシケと呼ばれる小型船で人や荷物を岸壁まで運んでいたのである。

幻に終わった大隈重信《おおくましげのぶ》の埠頭《ふとう》建設計画

明治政府に、埠頭の整備計画がなかったわけではない。大蔵卿（現在の財務大臣）だった大隈重信《おおくましげのぶ》は、1874（明治7）年に大型船が接岸可能な埠頭の整備計画である「横浜港大波戸場新築之儀ニ付伺《うかがい》」を政府に提出した。この計画は、工部省に雇われていたイギリス人技師ブラントン（173ページ参照）による設計を基にしている。

ところが、大隈の提案は政府に拒絶される。予算が足りなかったためである。ちょうどそのころ、不平士族による岩倉具視《いわくらともみ》の襲撃事件や佐賀の乱が起こり、台湾出兵もあった。国内外の政情が不安定ななか、明治政府の財政は困窮しており、大規模な港湾工事をするような余裕はなかったのだ。

もっとも、大隈案が却下された背後には、当時、内務卿だった大久保利通の意向が強く働いていたともいわれている。明治新政府発足後、港湾の整備には、河川など内陸水運を管轄していた内務省と、鉄道輸送を管轄する工部省の両省が深く関わっていた。大蔵・工部省主導の埠頭建設計画に、内務省の大久保が横やりを入れたという側面もあったのかもしれない。

ただ、政府に予算がなかったことも事実だ。1877（明治10）年には西南《せいなん》戦争が勃発し、その戦費は借入金でまかなわれ、戦後は西南戦争の原因となった旧士族の不満解消のための予算が最優先とされた。こうした状況下で、横浜港の埠頭建設は長い間、店晒《たなざら》しとなったのである。

事態が大きく動いたのは、1883（明治16）年のこと。この年、アメリカ政府から日本政府へ78万5000ドルが届けられた。当時のレートで88万円、現在の価値に換算すると約25億円もの大金だ。これを原資として、横浜港の整備は急速に進み出す。

「横浜第一次築港」が急速に進んだ理由

アメリカが日本に届けた78万5000ドルは、下関砲撃事件の際に日本がアメリカに支払った賠償金の返却であった。横浜開港から5年後の1864（元治元）年、長州藩がイギリス、フランス、アメリカ、オランダからなる四国連合艦隊と砲撃戦の末に敗れるという事件が起こる。責任を肩代わりした当時の幕府は各国に賠償金を支払った。アメリカ国内では、この賠償金の正当性について議論が続いていたのだ。

下関砲撃事件当時、アメリカは南北戦争の最中で、自国の艦船を出動させることができなかった。そのため、四国連合艦隊にはチャーター船1隻に大砲4門だけを装備して、かろうじて参加したにすぎない。かかった費用はわずか2万ドル。それにもかかわらず、40倍近い78万5000ドルの賠償金を得たのである。これが法的にも道義的にも問題があるという声がアメリカで上がり、ついには返却の運びとなったわけだ。

明治政府は、思いがけない形で入った予算を貿易振興の目的で使うことを決定。念願の横浜築港が動き出したのである。

加えてこの時期、横浜港の整備を進めるのに大きな後押しとなった動きが、もうひとつあった。それが東京築港論である。

横浜港に代わる一大貿易港を東京につくろうという計画が、1880年代を通して東京府（現在の東京都）や内務省によって具体的に進められていた。だが、横浜に拠点を置く貿易商たちは計画を知ると猛反発。開国以来、日本の対外貿易の中心を担ってきた横浜港を放棄して東京に移そうというのだから、当然といえば当然だ。横浜の貿易商たちにとっては死活問題であった。そこで彼らは、長らく停滞状態にあった横浜港整備の実現を関係各所に強く働きかけた。内務省のデ・レーケ案と神奈川県のパーマー案の争いとなり、その結果パーマー案が採用され、1889（明治22）年9月、ついに横浜港の築港が着手されたのである。これを「第一次築港」という。

ちなみに、第一次築港のリーダーシップを執ったのは、外務大臣となっていた大隈であった。大隈にとっても15年越しの宿願が叶ったといえよう。

東洋を代表する港の完成

横浜港の第一次築港でつくられたのは、内防波堤と鉄桟橋《てつさんばし》である。1894（明治27）

年に完成したこの鉄桟橋によって、ようやく横浜港の岸壁に大型船が接岸できるようになったのだ。

完成当初の鉄桟橋は、長さ約450メートル、幅19メートルであった。1917（大正6）年に幅が41メートルに拡大され、以後もたびたび改修がなされた。現在も現役の埠頭として活躍している。その名称は鉄桟橋のほかに、「税関桟橋」、「横浜桟橋」、「山下《やました》町桟橋」、「メリケン波止場」など、さまざまに呼ばれていたが、現在は「大《おお》桟橋」で定着している。

第一次築港の完了は1896（明治29）年であり、その3年後の1899（明治32）年には第二次築港工事が開始された。第二次築港工事が完了したのは1917（大正6）年のことで、20年近くかけた大工事であった。このとき、今でも横浜のシンボルとなっている赤レンガ倉庫が設置されている。

また、第二次築港では「新港埠頭」もつくられた。この新港埠頭は鉄桟橋よりも大きく、当然、大型船が横づけできるものであったが、それだけではない画期的な埠頭でもあった。新港埠頭の付近には、陸上設備として各種クレーンや倉庫が設置され、埠頭近くまで鉄道が敷かれたのである。船で港に運び込まれた荷物を鉄道によって全国に運んだり、反対に鉄道によって全国から輸送された荷物を船へ積み替えて輸出したりという機能は、近代港湾の重要な条件のひとつだ。つまり、新港埠頭ができたことで、横浜港は東洋を代表する近代的な港として完成したのである。

その後、1923（大正12）年の関東大震災によって横浜港は壊滅的な被害を受けたが、神奈川県と横浜市といった行政だけではなく、生糸商などをはじめとする横浜の商人や市民らの尽力により、短期間で復興を果たした。この復興事業の際、ホテルニューグランドや神奈川県庁舎、横浜税関庁舎、山下公園など、現在も横浜を代表する人気スポットの多くが建てられている。

第二次世界大戦の敗戦後は連合国軍に接収され、今でも一部は在日アメリカ軍の施設として利用されているが、1952（昭和27）年の講和条約締結後には、横浜港の大半は日本の施政下に戻った。そして、日本の五大港の1港として、高度成長期を支え、「金港《きんこう》」の愛称で多くの人々に愛される港となっている。

今、横浜港は「南本牧ふ頭《みなみほんもく》」などを有する「国際コンテナ戦略港湾」として指定されるとともに、造船所や石油産業など臨海部産業の拠点であり、さらには周囲に高層ビル・マンションやショッピングセンターの林立するMM21、赤レンガ倉庫や海の公園など市民・国民の憩《いこ》いの場所、クルーズ船の母港にもなっている大桟橋などが展開し、多種多様な機能を備えている。

神戸港――巨大貿易港からアジアのハブ港へ

横浜より10年遅れでようやく開港

2018（平成30）年、神戸港は開港150年を迎えた。その歴史をひもとくと、中世には平清盛が改修した大輪田泊が日宋貿易の拠点として、近世には兵庫津が国内物流の要衝として栄えた。こうした歴史の積み重ねのうえで、明治期には近代的な港湾である神戸港が成立する。

幕末の1858（安政5）年、幕府はアメリカ、イギリス、フランス、ロシア、オランダと修好通商条約（安政の五カ国条約）を結んだ。このとき、畿内にも開港場をつくることは決められたが、京都に近く、かつ畿内最大の商業都市である大坂の開港は避けねばならなかった。そこで堺が候補となるが、周囲に皇陵が多いために外され、最終的に兵庫の開港が決まる。

大坂は淀川の河口に土砂が堆積しやすく水深が浅かったのに対し、兵庫は水深が10〜15メートルと深く、干潮時と満潮時の水位差も2メートル未満で、西と北は山地によって強い風が防がれるなど、大型船の停泊に適した地形であった。

しかし、朝廷から開港の勅許がおりなかったため、条約の締結から間もなく開港された箱館や横浜に比べて、兵庫の開港は10年近くも遅れた1868（慶応4）年1月にずれ込んでしまう。

この間に、開港場は兵庫ではなく、その東に隣接する神戸村に変更される。すでに人口密集地の兵庫に新たな交易施設を築くのは難しかったが、当時の神戸村は人家も少ないため外国人と住民が衝突する可能性が低く、1864（元治元）年に幕府が築いた海軍操練所の船入場を利用できるという利点もあった。英国公使ハリー・パークスも、測量結果から兵庫より神戸の入江が港に適していると判断している。

神戸開港後は、湊川を境にして西を「兵庫港」、東を「神戸港」と定め、神戸港には、旧幕府海軍操練所の船入場を改修した第一波止場を筆頭に、第二、第三、第四波止場、運《うん》上所《じょうしょ》（税関）、倉庫などが次々と築かれていく。

開港場の東部には直線で区画整理された外国人居留地が築かれ、洋館が立ち並ぶ異国風の街並が広がった。居留地の西側には外国人と日本人が混在する雑居地が生まれ、この一帯にはのちに「南京町《なんきんまち》」と呼ばれる中華街が形成されるのである。

隣接する港と一体化

意外なことに、神戸開港直後の段階では、江戸時代までに豊かな海運ネットワークを築いていた兵庫の商人らは、外国との貿易に消極的であった。神戸港で初期の輸出品は、茶や生糸、木綿、石炭などであったが、それらの売買に携わったのは、神戸村近郊の商人である。彼らは兵庫の商人たちとは別個に、以前から大坂との間で小型の船舶を利用した商品取引を行なっていた。

開港直後の神戸港では、波止場は小規模で台風を防ぎきれず、大型船に対応した桟橋もないため、横浜港と同じく貨物の運搬には小型船であるハシケが使われた。そんななか兵庫県庁に雇われたイギリス人のジョン・マーシャルが神戸港長に任命され、１８７３（明治６）年に大規模な築港計画を立案する。

1880（明治13）年ごろの神戸港と兵庫港

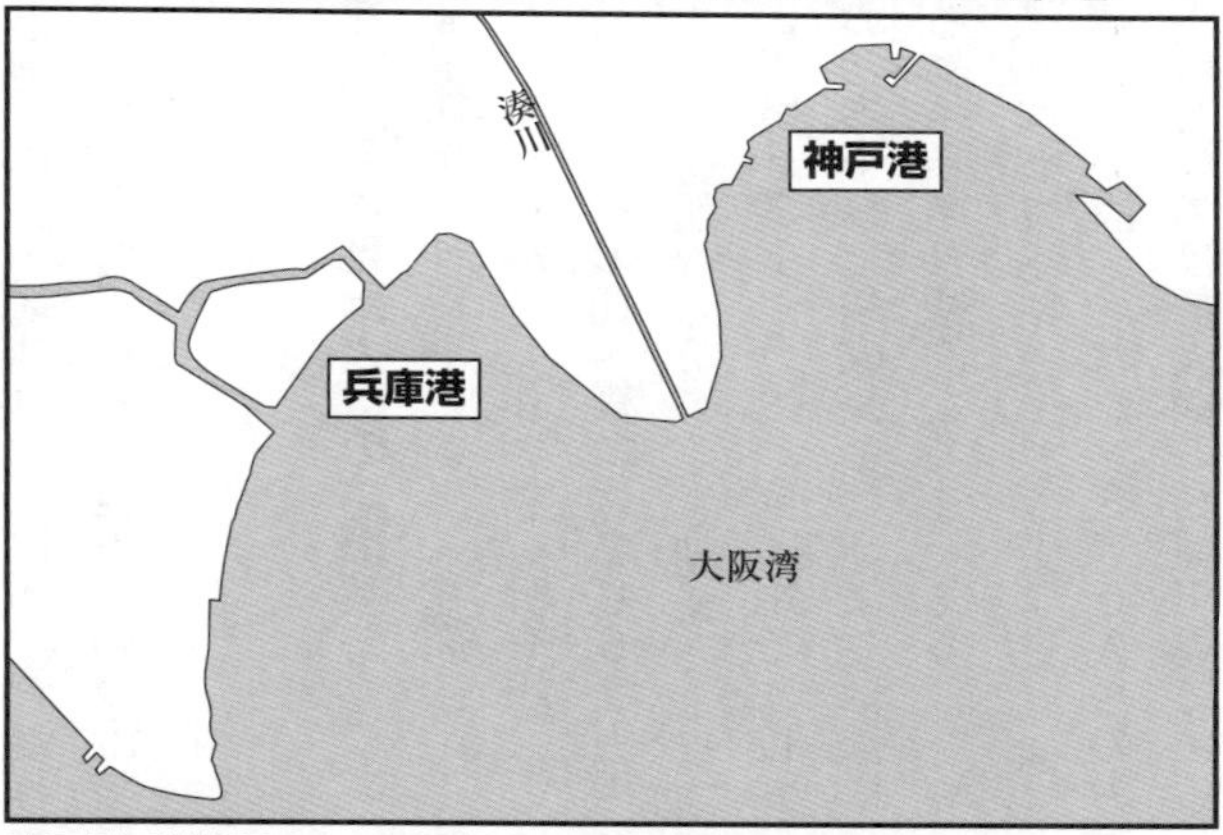

神戸港が拡張される過程で、兵庫港は神戸港の一部となった。

神戸大学附属図書館所蔵「兵神市街之図」を元に作成

１８８４（明治17）年、第一波止場のある小野浜《おのはま》に全長１４８メートルの鉄製桟橋が完成する。これにより大型船が横づけ可能となり、桟橋まで鉄道が敷設されて陸運との接続がはかられた。桟橋はのちに１７６メートルに延長され、日露戦争後に神戸新港の第1期修築工事が着工するまで20年以上にわたり使われる。

大規模な港湾設備が拡充してゆくとともに、徐々に神戸港は隣接する兵庫港と一体化。１８９２（明治25）年には勅令の公布により、兵庫港と神戸港をひとまとめにして「神戸港」と呼ぶことが定められる。

同時期に港湾施設の整備が進められた

横浜港では、アメリカから返却された幕末期の下関砲撃事件の賠償金をはじめ、国費が大規模に投入されている。他方、神戸港では、国や公債、そして市民の税金によって整備が進められた。

港を急成長させた大阪の紡績産業

開港初年の神戸港の輸出入総額は113万円で、全国の港湾での割合は3%に過ぎなかった。ところが、1877(明治10)年には891万円に増大し、全国比では17%にまで成長する。その10年後には2962万円と輸出入総額は3倍増になり、全国比でも27%と日本の貿易額の4分の1を超えた。日清戦争後の1897(明治30)年には、輸出入総額では1億6214万円、全国比では42%までになる。

おどろくべき急成長というよりほかにないが、背景には大阪を中心とする近畿地方における紡績業の飛躍的な発達がある。

大阪では1882(明治15)年に、渋沢栄一らが中心となって東洋紡《とうようぼう》の前身となる大阪紡績会社が設立された。300人もの労働者を抱え、最新の蒸気機関による紡績機を備えた当時としては最大級の紡績工場である。続いて、鐘紡《かねぼう》や日本毛織も兵庫県内で操業を開始する。大阪の紡績会社は中国（清）やインドから綿花を大量に輸入し、加工した綿織糸や綿製品を輸出していたが、当時の大阪港は水深が浅く、大型船の接岸には向かなかったため、輸出入とも神戸港が窓口となっていた。

もっとも大阪港をそのままの状態にしておいたわけでなく、オランダ人技師デ・レーケを中心とした近代的な港湾整備が立案され、安田財閥の支援のもと1897（明治30）年から着工される。

神戸港としては、近畿地方最大の主要港という立場から、さらなる港湾設備の拡充がはかられた。1907（明治40）年には、神戸税関長から市長となった水上浩躬《みなかみひろちか》の指導のもと、神戸新港の第1期修築工事が着手される。これにより新港第一突堤から第四突堤（西）が建設された。1919（大正8）年には神戸新港の第2期修築工事が着手され、第四突堤（東）、第五突堤、第六突堤、兵庫第一突堤、第二突堤の建設が進められた。さらに、総延長6000メートルの防波堤、総延長9000メートルもの係留岸壁が築かれている。

貿易額で日本一となる

明治期以来、近畿地方の紡績産業とともに成長した神戸港は綿花の輸入と綿製品の輸出、養蚕《ようさん》の盛んな北関東や信州に近い横浜港は生糸・絹製品の輸出という役割分担だったといえる。戦前、神戸港から輸出される綿製品は全国の70％を占め、横浜港から輸出される生糸は全国の80％を占めたといわれる。

神戸港の輸出入取り扱い品目を見ると、昭和前期まで輸入品は綿花が圧倒的に多かった。たとえば1918（大正7）年では、綿花の輸入額は3億1392万円以上で、これに次ぐ鉄板の輸入額を約7倍も引き離している。輸出品の筆頭は綿織糸で、同年の輸出額は7227万円、2位は船舶で2780万円だった。綿織糸に次ぐ神戸港の主要輸出品は当初マッチだったが、明治時代後期に川崎造船所に続いて三菱造船所が建設されて以降は造船も神戸の基幹産業となった。

1914（大正3）年に第一次世界大戦が勃発すると、ヨーロッパ諸国が国力の大部分を戦争につぎ込んでいる間に日本の産業は海外市場を広げ、日本の貿易量は格段に増大する。この時期には綿製品のみならず、神戸を拠点としていた総合商社の鈴木《すずき》商店が、鋼材や銑鉄《せんてつ》、船舶、小麦などの貿易取引で巨利を上げている。

第一次世界大戦中の1917（大正6）年には、神戸港の貿易額は10億円を超え、横浜港を抜いて日本一となる。ただし、この時点では輸入額こそ神戸港が勝っているものの、輸出額では横浜港のほうが上だった。綿製品は原料の綿花を輸入していたが、横浜から輸出される生糸は原料も国内で生産されていたからだ。

昭和期に入ると、神戸港は輸出入の双方で横浜港を抜いて日本一となる。その契機となったのが、1923（大正12）年に起きた関東大震災だ。このとき震源地に近かった横浜港は壊滅的な打撃を受け、生糸の輸出拠点が神戸港に移る。震災の翌年には、横浜港からの絹物輸出額が1038万円に対し、神戸港からは1億1370万円と10倍近い差だ。横浜港の復興後も神戸港からの生糸・絹製品輸出は続けられた。

一石二鳥だった「ポートアイランド」

神戸港の改修工事は昭和期以降も続けられ、日本最大の貿易港というばかりでなく、上海、シンガポールとともに東洋で最大級の貿易港と呼ばれる地位を得るに至った。しかし、それゆえ第二次世界大戦では重要な攻撃目標とされて大規模な空襲を受け、敗戦後は一時的に港湾設備が占領軍によって接収される。

戦後の占領期が終わり、高度経済成長期に入ると、神戸港では背後にそびえる六甲《ろっこう》山地の土砂を削って埋め立てが大々的に進められた。1959（昭和34）年には、日本初のコンテナ埠頭となる摩耶《まや》埠頭の建設が着工される。神戸開港100年を迎えた1967（昭和42）年には、最初のコンテナ船が摩耶埠頭に入港した。以降、神戸港は日本のコンテナ港の先駆としての役割を果たす。

さらに、総面積約8・3平方キロメートルにおよぶ巨大な人工島の「ポートアイランド」と、総面積約6平方キロメートルの人工島「六甲アイランド」の造成が進められ、いずれも1980年代以降に相次いで完成を迎える。これは、人工島をつくるのに必要な土砂を、背後の山を取り崩すことにより確保し、土砂を取り崩した山には、住宅地などの土地を確保するという、ひとつの事業で新たにふたつの土地ができる一石二鳥の話なのである。

戦後の経済成長期を経て、神戸港では輸出入の取り扱い品目も変化していった。主要な輸出品は綿製品から化学繊維製品、機械製品になり、主要な輸入品は綿花から食料、工業原料、石油や石炭などの資源に変わっている。

神戸港の役割も、おもに日本からの輸出を担う港から、香港、釜山、シンガポールなど、東アジア各地の主要港の中継地となるハブ港へと変転した。

１９９５（平成7）年には、阪神淡路大震災によって神戸港は大打撃を受け、一時的に貨物の取扱量も停滞する。しかし、震災からの復興後、２００４（平成16）年には、コンテナ港湾の国際競争力回復のため、大阪港と並んで阪神地区の「スーパー中枢港湾」に指定され、のちに「国際コンテナ戦略港湾」に指定された。

現在の神戸港を見てみると、ポートアイランドや六甲アイランドには、コンテナ物流機能のほか業務機能、マンションなどの住宅、さらには大学研究機関といった多種多様な機能が入っている。また、陸側の付け根部分にある中突堤《なかとってい》はクルーズ船の拠点だ。西側に目を向けると造船所などが健在で、東側は酒の街、灘である。三宮《さんのみや》のハイカラな街とアーケード、六甲山から望む海と船。異人街の雰囲気もあれば、昔ながらの雰囲気を湛《たた》える住宅街もある。「みなとまち」巡りには事欠かない。

6章　激動の世紀を生きる港

旅立ちと帰還——港から外国へ、外国から港へ

豪華客船の時代

飛行機での旅行が普及する以前は、日本から海外へ渡航するには船しか手段がなかった。とくに、欧米との行き来が自由になった明治以降、多くの日本人が港から船で旅立っている。

明治時代、海外へのおもな窓口となったのは横浜港だ。たとえば、1871（明治4）年に岩倉具視を正使とし、政府首脳陣や留学生を合わせた総勢107名がアメリカおよびヨーロッパ諸国に派遣された岩倉使節団は、横浜港から蒸気船「アメリカ号」で出発している。約1年10カ月後の帰国の際も横浜港に戻っている。

明治期の小説家で陸軍軍医だった森鷗外《もりおうがい》が、衛生学とドイツ陸軍の衛生制度を学ぶため1884（明治17）年にドイツ留学へと向かったときも、1900（明治33）年に文部省より英語教育法研究のためにイギリス留学を命じられた夏目漱石《なつめそうせき》が旅立ったのも、やはり横浜港である。

なかでも昭和初期は豪華客船の時代だった。客船内の豪華な装飾、最高の料理、著名な乗客。現在の日本人の豪華クルーズのイメージは、この時代の船旅の影響であろうか。

現在でも、飛行機旅行が大衆化する前の豪華船旅時代を、横浜港で知ることができる。山下公園に係船《けいせん》され展示されている「氷川丸《ひかわ》」、そして馬車道《ばしゃみち》から赤レンガ倉庫に続く道を少し右に入った「日本郵船歴史博物館」だ。

このように港は外国との人の出入りの拠点だったが、飛行機の発達により港を通っての人の出入りは少なくなっていた。しかし、その港が近年、国内外の人の出入りの拠点として復活してきている。その要因は、クルーズ船による外国人観光客が増えていることである。とくに、中国、台湾などからの観光客の増加が顕著だ。2017(平成29)年には、外国人のクルーズ船による訪日客は2013(平成25)年の15倍になる250万人を超え、約10人にひとりは港から日本に入国している。なお、全国131の港に外国クルーズ客船が寄港しており、ふたたび港が外国の人との交流の拠点となりつつある。

大陸進出の足がかりとなった日本海側の諸港

日本各地の港が整備されていくと、横浜港以外から海外への渡航は増えていった。

福岡県北九州市の門司港からは、明治末から昭和初期にかけて日本郵船の欧州航路でフランスやイギリスへと向かう客船が数多く出航していた。さらに、大正、昭和と日本の大陸への進出が盛んになると、同じく門司港から台湾や旧満洲《まんしゅう》の大連《だいれん》へと向かう船も数多く出航するようになった。ちなみに、1929（昭和4）年に「門司税関1号上屋《うわや》」として建てられたターミナルでは、大連航路の便数が最多だったことから、「大連航路待合室」とも呼ばれていたという。現在の門司港の「旧大連航路上屋」は貸しスペースとして再利用されるとともに、門司港駅は重要文化財として改修中である。

また、1904（明治37）年のシベリア鉄道の全通と合わせて、1902（明治35）年に敦賀とウラジオストク間の航路が開設され、1912（明治45）年には新橋—敦賀・金ヶ崎《かねさき》間に欧亜国際連絡列車が設定された。船旅で約40日かかるところが、この航路だと10日余りになったという。現在と同じで、渡航のための時間短縮の要望があったのだ。敦賀港に面した海浜公園の金ヶ崎緑地には、当時の駅舎が「敦賀鉄道資料館」として再建され、歴史的資料などを展示している。

1929（昭和4）年には、新潟港でも満州との航路が開設する。1931（昭和6）年に勃発した柳条湖《りゅうじょうこ》事件を契機に関東軍が満洲全土を占領し、翌年満州国が建国される

全国に点在した引揚港

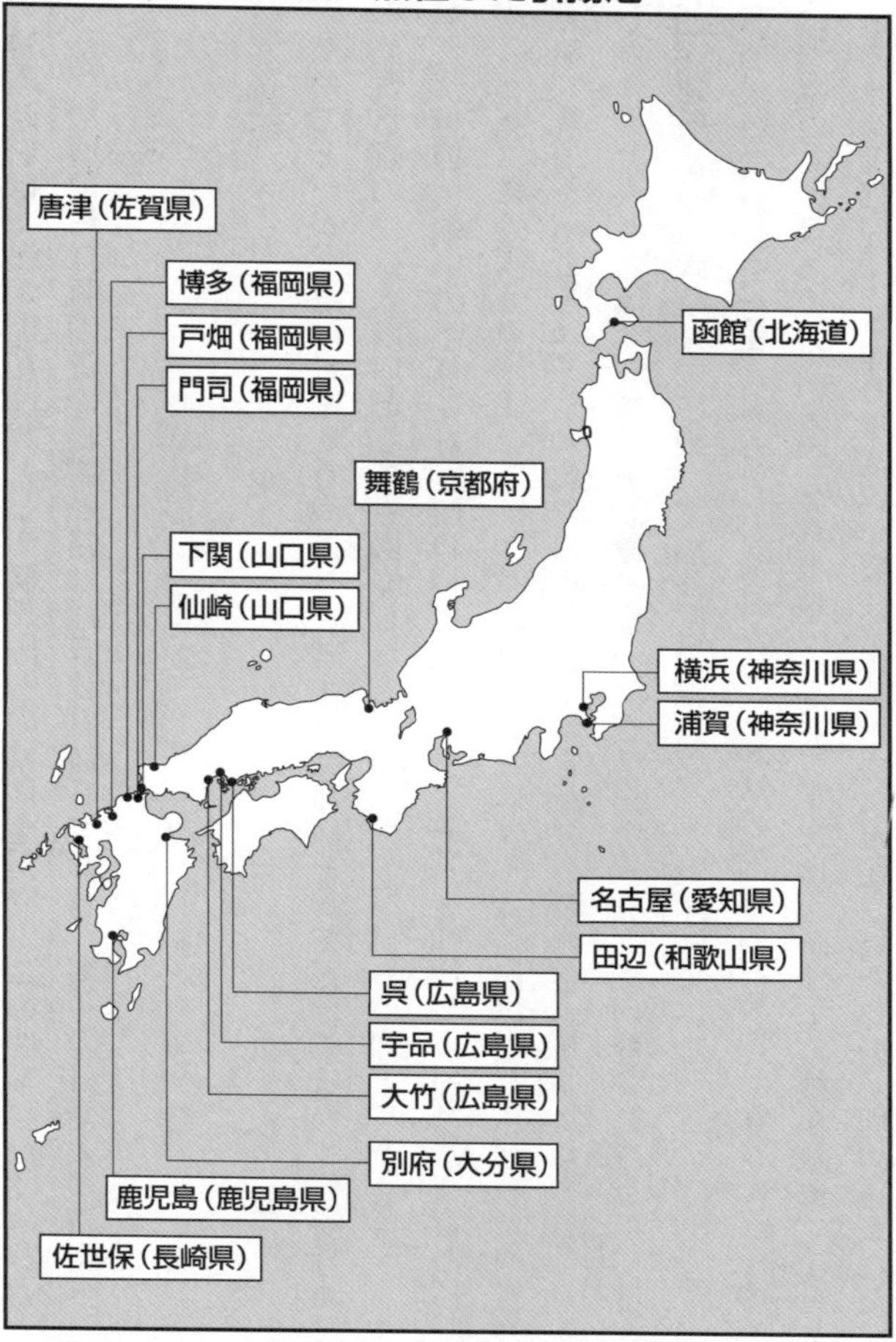

太平洋側や日本海側問わず、全国各地に引揚港があった。

と、日本政府は「満蒙《まんもう》開拓団」として満州国への移住を奨励。この農業移民団は27万人を数えた。最盛期には新潟港の日満航路は週5日就航しており、多くの日本人が満州へと渡ったのである。

「人道の港」

当然のことだが、港は日本から海外へと向かう出発口としてだけではなく、海外から日本へ訪れる際の受け入れ口としても機能した。

第二次世界大戦中の1940（昭和15）年、リトアニアに赴任していた外交官の杉原《すぎはら》千畝《ちうね》が、ナチスに迫害されポーランドから逃れてきたユダヤ人難民に対し、ビザ（通過査証）を発給。数千を超えるユダヤ人が救われた話は有名だ。このとき、リトアニアから国外脱出したユダヤ人たちは、シベリア鉄道に乗ってウラジオストクに到着。そこから、日本海汽船が運航する「天草丸《あまくさまる》」に乗って福井県の敦賀港へと上陸している。

敦賀港はこれ以外にも、たびたび海外からの難民の受け入れ窓口となった。そのため「人道の港」とも呼ばれている。2013（平成25）年には、かつての桟橋跡に「1920年ポーランド孤児 1940年ユダヤ難民 上陸地点」と記された銘板が埋め込まれた。なお、前出の金ヶ崎緑地には「人道の港 敦賀ムゼウム」が建ち、杉原千畝関連の貴重な資料を見学できる。「ムゼウム」とはポーランド語で「資料館」のことだという。

第二次世界大戦が日本の敗北で終わったとき、日本国外にいた軍人・軍属と民間人は合わせて約660万人にもなった。彼ら彼女らの帰国が、敗戦後の日本がまず取り組むべき課題となった。

外地からの日本人引き揚げは、ソヴィエト連邦の支配地域からを除き、連合軍の中心だったアメリカ主導のもと進められた。その際、人員輸送には旧日本軍の艦船や民間船舶が使われたほか、アメリカが輸送船100隻、戦車揚陸艦85隻、病院船6隻を日本に貸与《たいよ》。日本人を乗せた船は外地と日本を往復した。このとき軍人・軍属の帰国が優先され、民間人はその後となっている。

ふたたび日本の土を踏むこととなった引揚《ひきあげ》者は、厚生省が開設した引揚港から母国に上陸した。浦賀、舞鶴《まいづる》、呉、下関、博多、佐世保、鹿児島、函館、大竹《おおたけ》、宇品、田辺《たなべ》、唐《から》津、別府《べっぷ》、名古屋、横浜、仙崎《せんざき》、門司、戸畑の全部で18が引揚港である。これらの港には、「地方引揚援護局」ないしは、その出張所が設置され、引揚者に対する受け入れ作業を担った。

この引揚事業が開始されてから4年後の1949（昭和24）年には、外地の日本人の9割以上にあたる約624万人が帰還を果たしている。大陸やシベリアなどから約66万人が引き揚げてきた舞鶴港については、「舞鶴引揚記念館」で知ることができる。また横須賀の浦賀港には、南方や大陸からの56万人の引き揚げを記念して「陸軍桟橋」が整備されている。

東京港――「コンテナ取扱個数No.1」までの紆余《うよ》曲折《きょくせつ》

福澤諭吉《ふくざわゆきち》も後押しした東京築港

東京港は日本の主要な国際貿易港である五大港の1港であり、外貿コンテナ取扱個数で国内首位を堅持し続けている日本を代表する港である。それだけでなく、旅客船の出入港も多い。

そんな東京港だが、近代港としての歴史は意外なほどに短い。徳川家康が幕府を開いて以来、日本の政治の中心として明治以降は首都であり、20世紀以降、世界の主要都市でもある東京（江戸）の港が、国際的な貿易港として開港したのは横浜港から遅れること約80年後の1941（昭和16）年のことだ。

江戸時代、東京港の前身である江戸湊は、西の大坂湊と並び、日本の海運の二大拠点であった。そのため、江戸から東京に改称されて間もない明治初期には、すでに東京港を近代的な国際貿易港に改修する築港計画が立てられていた。

1880（明治13）年には東京府知事の松田道之《まつだみちゆき》が、横浜港の機能を東京に移すという「東京築港計画」を東京府会（議会）に提案。これは、そのころ著名だった経済評論家の田口卯吉《たぐちうきち》が前年に雑誌に発表した「船渠《せんきよ》開設の儀」という東京築港論の影響を受けたものであったという。

松田は1882（明治15）年に急逝してしまうが、そのあと東京府知事となった芳川顕正《よしかわあきまさ》も東京築港計画を継承。オランダ人お雇い外国人のローウェンホルスト・ムルデルに依頼し、具体的な築港計画を立案させた。この動きに歩調を合わせるように、同時期、東京の財界・言論界でも東京築港論が盛んに取り上げられるようになる。

たとえば、明治の経済界の大物であった渋沢栄一は、芳川に『市区改正ニ付意見』を提出し、そのなかで「第一ニ港湾ノ修築着手相成度希望《あいなりたく》仕候《つかまつりそうろう》」と書いている。かの福澤諭吉は、横浜港を軍港とし、東京に築港して内外貿易の中心港とすべきという内容の論文『東京に築港すべし』を発表して熱心に築港を説いた。

東京築港は一気に熱を帯びたが、横浜港の関係者が難色を示す。198ページ以下でも触れたが、幕末の開港以来、貿易港として発展を遂げていた横浜港にとってすれば、機能を東京港に移行することは受け入れられるはずもない。横浜に拠点を置く貿易商らは東京築港に猛烈に反対する。そんな状況が続いた1889（明治22）年、内務省が東京築港を後押しする一方、外務省は、神奈川県が訴える横浜港の整備を後押ししていた。結果、大隈重信の提案が通り、明治時代の東京築港計画は廃案に追い込まれてしまう。

「隅田《すみだ》川の改良」から第一歩を

だからといって、東京にとって東京築港はあきらめられるものではなかった。そこで東京市は、1906（明治39）年から「隅田川口改良事業」の第一期工事を開始する。東京港という名前を出さず、河口の改良という名目で横浜の反発をかわしつつ、将来の東京築港を見据えて、まず周辺環境の整備から進めようという目論《もくろ》みであった。東京府、市、および在京経済界の念願であった東京築港の、ささやかな一歩が踏み出されたのである。

1911（明治44）年に竣工した第一期工事では、隅田川口の永代橋から台場《だいば》までの航路が浚渫され、水深が増し、幅員が大きくなった。このとき浚渫した土砂で芝浦《しばうら》に埋立地が築造され、船舶を係留できる東京港最初の荷役場が設けられた。

第一期工事の竣工と同年には、続けて隅田川口改良事業の第二期工事が始まり、着々と東京築港への準備は進められた。第二期工事は1917（大正6）年に竣工。500トン級の船舶が芝浦に安全に入出港することができるようになった。そして同年、東京港に初めての鋼鉄製の汽船が入港する。釜石製鉄所の鋼材を積んだ「真盛丸《しんせいまる》」（650トン）だ。以後、次々と船舶が入港するようになり、やがては、1500トン級の大型船も出入港するようになった。

もっとも、当時の東京港の港湾施設は貧弱であり、港湾荷役作業の体制も不十分なままであった。そこで、東京市は懸案だった本格的築港を開始すべく、1920（大正9）年に「東京築港計画書」を立案する。ところが、計画は財政難などから棚上げされてしまい、数年間の中断を挟《はさ》んだ挙句《あげく》、規模は大幅に縮小され、今度も隅田川口改良事業として、第三期工事が実施されることとなった。

こうして、ふたたび東京築港は遠のいたと思われた。ところが、第三期工事が始まった矢先の1923（大正12）年9月1日、関東大震災が発生する。これにより東京は壊滅状態に陥ったが、この関東大震災こそが、結果的に東京築港を大きく前進させるのである。

関東大震災を契機に東日本最大の港が誕生

未曾有の被害をもたらした震災によって陸路が寸断されたため、東京への救援物資の大半は海路で運ばれた。物資を積んだ船舶は芝浦一帯に集中したが、前述したように東京港の設備は貧弱であり、大量の荷揚げは困難を極めた。応急処置として、現在の日《ひ》の出《で》埠頭のある場所に係船桟橋が整備される。これが、東京港最初の接岸設備である。

とはいえ、このような臨時施設だけでは対応しきれるはずもなく、本格的な埠頭の建設が急がれた。そこで、日の出埠頭の建設が始まり、1925（大正14）年に完成する。このことは、明治以来たびたび頓挫《とんざ》した本格的な東京築港が本格化したことを意味する。

一旦築港が始まると、立ち止まることはなかった。東京市は東京港の拡張整備を後押しする世論を踏まえ、1930（昭和5）年に「東京港修築計画」を決定。ついに悲願であった東京港の名称がついた事業の実施にこぎつけたのだ。以後、芝浦埠頭が1932（昭

東京港（2017年時点）

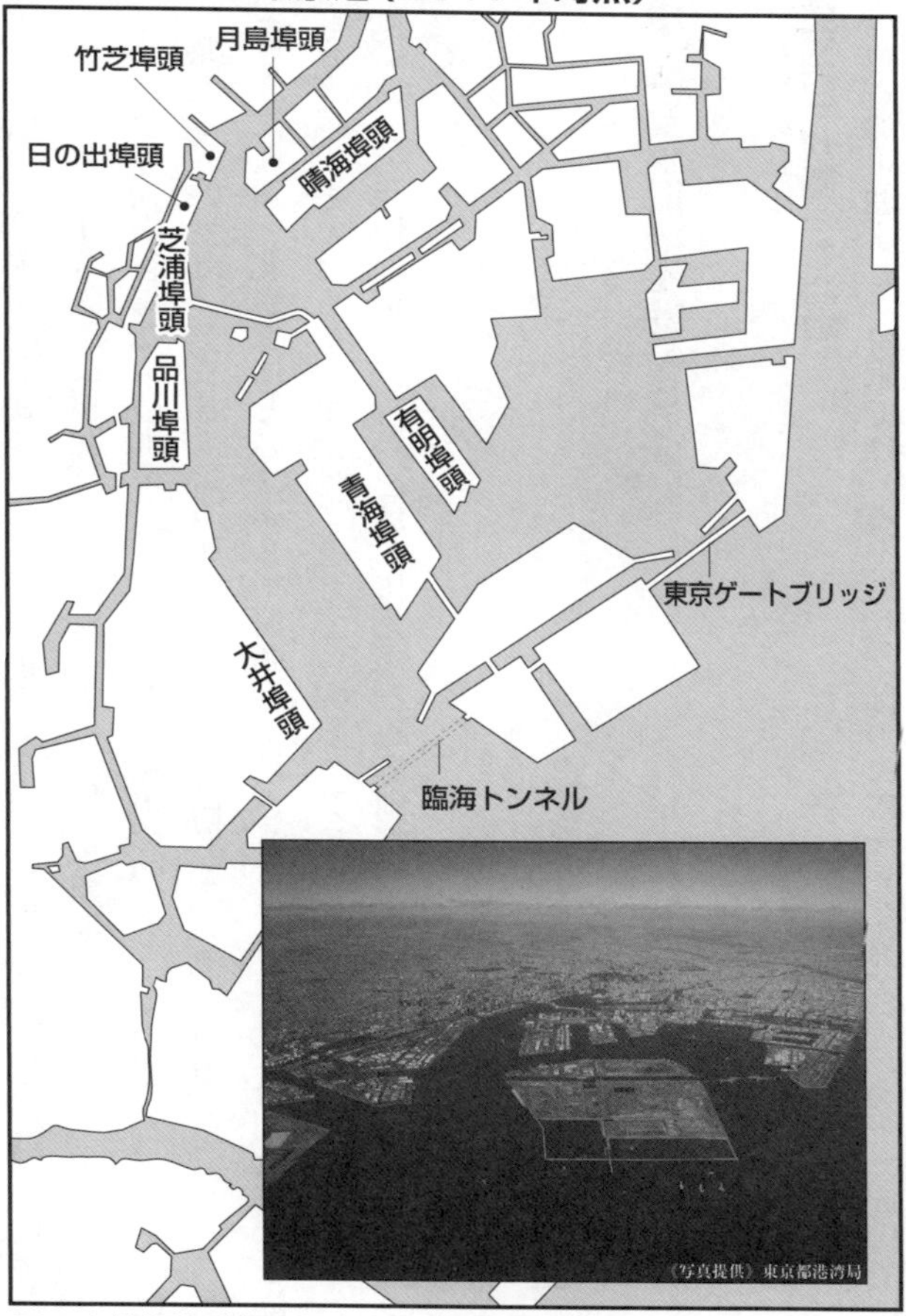

日の出埠頭を皮切りに、大井、青海の両埠頭など拡大が続く。

東京都港湾局HP「係船施設使用希望状況」の図をもとに作成

和7）年に、竹芝《たけしば》埠頭が1934（昭和9）年に完成し、ようやく東京港は近代港として生まれ変わり、1941（昭和16）年に国際貿易港として開港する。

第二次世界大戦後には、豊洲《とよす》埠頭、晴海《はるみ》埠頭、品川埠頭なども整備され、東京港はますます発展していった。1967（昭和42）年には日本初のコンテナ埠頭（品川コンテナ埠頭）が、さらに九州・北海道などのフェリー埠頭も整備され、コンテナ取扱個数日本1位の港となり、横浜港とともに「京浜港」として「国際コンテナ戦略港湾」に指定されている。一方で公園・緑地の整備、台場をはじめとする臨海副都心など多種多様な機能を持つ港となっている。

軍港——旧軍4港の昔と今

「鎮守府《ちんじゅふ》」が置かれた地

四方を海に囲まれた日本では、海上の防衛はつねに大きな課題であった。近代では18

72（明治5）年に大日本帝国海軍が創設され、軍事施設をもつ港、すなわち軍港の整備が急務であった。そのなかでもとくに重要な存在だったのが、神奈川県の横須賀、広島県の呉、京都府の舞鶴、長崎県の佐世保の4カ所だ。この旧軍4港には、地域ごとの海軍の組織を統轄する「鎮守府《ちんじゅふ》」が置かれていたからだ。旧軍4港は2016（平成28）年、日本遺産「鎮守府　横須賀・呉・佐世保・舞鶴～日本近代化の躍動を体感できるまち～」に指定されている。

旧軍4港のなかでも、横須賀は横浜、呉は広島、佐世保は長崎という各地域の主要港と近い場所にあるが、江戸時代まではおおむね人家の少ない漁村であった。

まず1876（明治9）年、横浜に東海鎮守府が仮設され、1884（明治17）年には横須賀へと移転した。続いて1889（明治22）年に呉鎮守府と佐世保鎮守府が、1901（明治34）年には舞鶴鎮守府が設置される。昭和初期の段階では、各鎮守府の管轄海域は、横須賀が樺太《からふと》・北海道から三重までの太平洋側、呉が近畿、瀬戸内、四国、九州の太平洋側、舞鶴が山形から島根までの日本海側、佐世保が九州の西側、沖縄、朝鮮、台湾を含む東シナ海となっている。

4軍港のほかにも、青森県の大湊《おおみなと》、山口県の徳山《とくやま》などにも軍港が築かれた。とくに大湊は鎮守府に準じる警備府へと、のちに昇格している。

鎮守府が置かれた軍港は、ただ軍艦の母港となるだけではなく造船所や海軍病院、水兵の教育・訓練機関、武器弾薬ほかを製造する工廠《こうしょう》などが併設され、一大臨海部産業となった。これら施設のため軍港都市には多くの雇用が生まれ、大きな経済的発展がもたらされた。さらに、軍港は観光拠点としても役立った。

ただし、軍による民間人の活動への制限も少なくない。軍機保護法により、許可なく軍事施設や軍艦を写真に撮ったり、スケッチしたりすることは禁じられ、港湾には立ち入り禁止の区域も多かった。軍港の海面も海軍により第一区、第二区、第三区と分けられ、第一区と第二区の海域では民間船舶の航行や漁業が禁止された。また、軍港の周辺では民間人による桟橋の架設、埠頭の製造、海面の埋め立て、浮標《ふひょう》（ブイ）の設置、橋梁《きょうりょう》の架設なども鎮守府長官の許可を必要としていたのである。

横須賀軍港——製鉄所からの出発

まずは横須賀港から紹介しよう。大港湾の横浜、歴史の街・鎌倉に近く、今では神奈川県有数の都市である横須賀に位置する港である。

旧軍港の現在

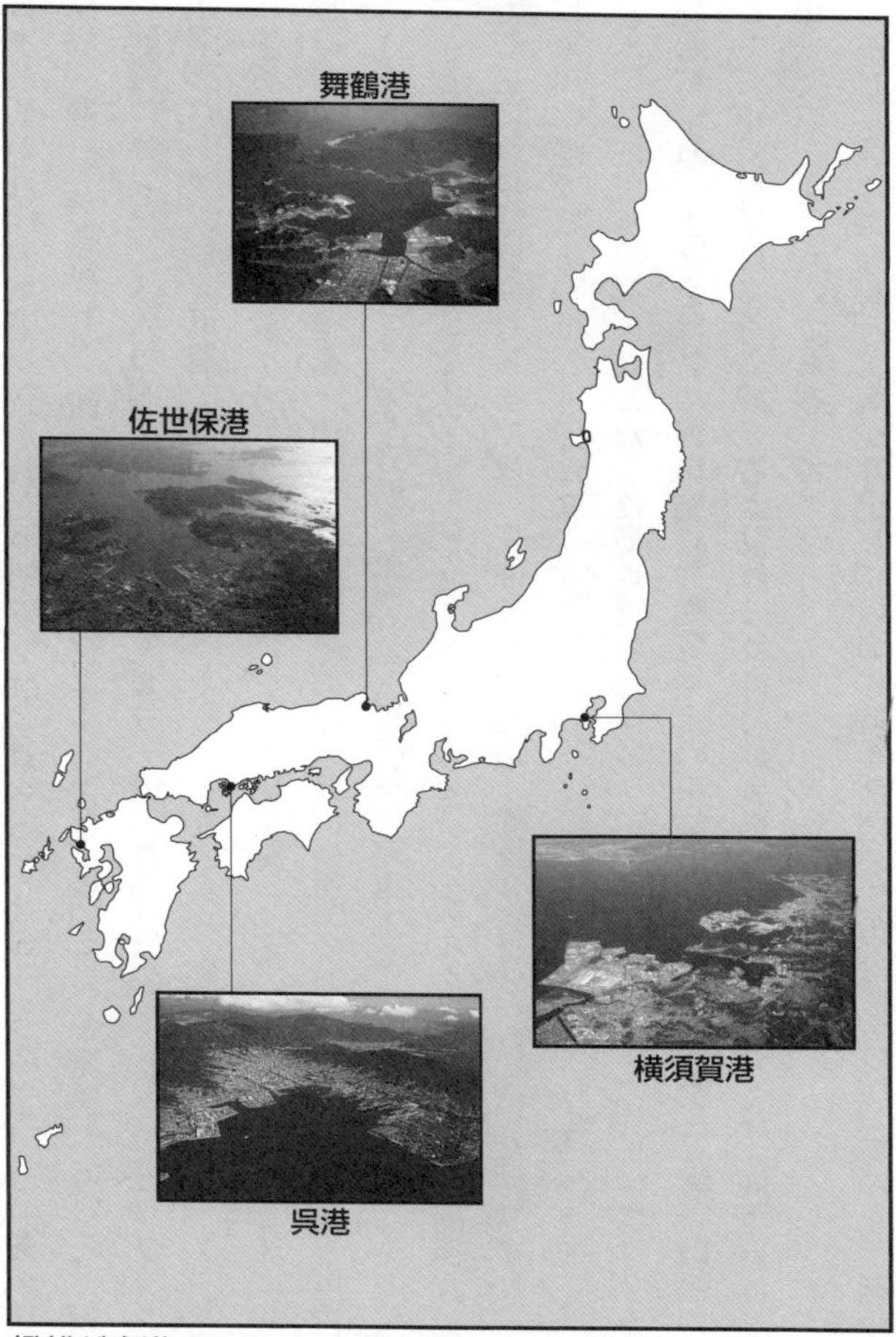

艦船が寄港するほか、一般の港としての機能も有している。

日本最初の近代的軍港が置かれた横須賀では、幕末の1865（慶応元）年に築かれた製鉄所（166ページ参照）が、西洋式軍艦を建造するための造船所へと発展していく。製鉄所の建設にはフランス人技師が多く参加しており、横須賀の地が選ばれたのは、フランスの西南部のトゥーロン軍港に地形が似ていたからだともいわれる。

横須賀造船所では1875（明治8）年に初の国産軍艦「清輝《せいき》」が進水し、急速に海軍の施設が拡充された。首都・東京がある東京湾の入口に位置するという立地からも重視され、1884（明治17）年に鎮守府が置かれて以降は、海軍工廠や海軍病院、6基の船渠《せんきょ》（船の建造・修理などをする施設）、ガントリークレーンなどを備えた港湾施設が整備される。ただし横須賀鎮守府になるまでは、民間の船の建造、修理が行なわれていた。つまり、純粋に軍用の港で始まったわけではない。

幕末には住民が数百人ほどだった横須賀の人口は、鎮守府の設置から10年後には2万人に達している。工廠をはじめ海軍施設の職員やその家族が増え、進水式など海軍関係のイベント、軍港見学に多くの観光客が訪れるため、飲食店や宿屋も増加した。海軍自体が一大観光拠点となったのである。

しかし、呉に鎮守府と工廠が発足して以降、造船部門の比重は呉に移ってゆく。瀬戸内海にある呉に比較して、前面に太平洋が広がる横須賀は防御の面で不安が大きかったからだ。第一次世界大戦後に航空機が発達すると、海軍航空隊の置かれた横須賀は、空からの首都攻撃に備える要衝と位置づけられた。また、追浜《おっぱま》航空隊が、さらには海軍航空技術廠も設置され、海軍の航空の拠点、航空機の研究開発の拠点にもなっていく。

第二次世界大戦の敗戦後、横須賀軍港は占領軍に接収される。日本が独立してからは、横須賀には海上自衛隊の地方総監部が置かれたが、同時に日米安全保障条約に基づいて在日米軍が駐留し、日米両国によって使われる軍港都市となった。自動車産業や造船所、さらには港湾・海洋など研究所が立地する平和産業港湾都市として発展していく。

現在の横須賀港には、海上自衛隊と米軍の基地が集中する横須賀本港のほか、自動車の輸出拠点の商業港として使用される横須賀新港、さらには、商業施設やマンションが立地する平成《へいせい》港、房総へのフェリー航路のある久里浜港などがある。

戦前においては軍港が観光資源だった。戦後、軍事はタブー視されていたが、最近の横須賀港では「軍港クルーズ」が地域おこしで「産業観光大賞・特別賞」を受賞するなど、横須賀港の歴史を生かした観光振興が始まっている。見逃してはいけないのは、米軍基地内にある日本最古の西洋ドック群や海軍時代の建築物、市内の海軍時代の建物などが、今も現存し、活用されていることだ。さらなる観光振興のためには、これら施設の保存・維持・管理が必要と思われる。

横須賀市内に多数ある「海と船が見える坂道」を観光ルートに組み込むこともよいだろう。そして、呉、佐世保、舞鶴にあって横須賀にないもの、たとえば海軍時代の歴史も踏まえた海上自衛隊の史料館などがぜひとも必要である。

呉《くれ》軍港――東洋最大のドックを有した海軍の拠点

横須賀鎮守府の設置後、海軍は西日本における拠点を築くため、瀬戸内海各地を測量し、呉を重要な軍港の設置に最適な場所と判断した。江田《えた》島、能美《のうみ》島、倉橋《くらはし》島の3島に囲まれた呉湾は、航空機が発達する以前としては、防御面では理想的な立地だったのだ。鎮守府に先立ち、士官の養成機関である海軍兵学校も、東京の築地から呉港のすぐ前にある江田島に移転している。

呉も明治の初期には小規模な村であったが、江戸時代から漁港として利用され、鎮守府が設置される前の1885(明治18)年の時点で2万人近い住民が居住していた。鎮守府の成立後は、横須賀の場合と同じく商工業従事者が集まり、人口が急増する。ことに呉の工廠は最盛期には3万人もの職工を抱えていたという。

軍港都市の例に漏《も》れず、湾岸部は海軍の施設に独占された結果、民間人の住む市街地は港湾を見下ろすやや内陸の台地に広がっていった。軍港の近くでは水兵を当てこんだ歓楽街の中通りを中心に、モダンな商業都市が形成される。

呉の海軍工廠は、戦前には「東洋最大のドック」といわれた全長300メートルほどもある最大級の船渠を擁し、戦艦「大和《やまと》」を建造したことで知られる。ところが、それだけ重要な施設がある呉は、第二次世界大戦の末期には4軍港のなかでもとくに大規模な空襲を受け、軍施設のみならず市街地も甚大《じんだい》な被害を受けた。

戦後の呉港には、かつての軍用地に尼崎製鉄や日立《ひたち》製作所、日新製鋼などの民間企業が誘致され、工廠で培《つちか》われたノウハウの数々が民間船舶の建造に転用された。一方で、旧海軍の施設の一部は現在も海上自衛隊に使われ、映画『海猿《うみざる》』にも登場した国土交通省の管轄する海上保安大学校も置かれている。

観光面では、海軍の歴史、現在の海上自衛隊を活《い》かしつつ、呉市の「海事歴史科学館」、通称「大和ミュージアム」や海上自衛隊の史料館「てつのくじら館」を拠点に港の観光に努めている。

佐世保《させぼ》軍港――東アジアへの近さから米軍が利用

呉と同時に鎮守府が発足した佐世保も、軍港の設置には適した立地だった。湾の入口は狭く、周囲を島に囲まれているため防御に向いていることに加え、水深は場所によっては50メートルもあり、大型船の停泊には理想的だったといえる。

佐世保軍港の大きな特徴としては、日本の主要な軍港のなかで、もっとも中国や朝鮮半島に近かった点だ。日清戦争、日露戦争では連合艦隊の出撃基地となり、昭和期でも、軍艦の修理や弾薬、石炭、食料などの補給に活用された。

軍艦の修理・整備用の施設では、長さ576メートル、幅364メートルもの巨大な繫《けい》船《せん》施設の立神係船池《たてがみけいせんち》が有名だ。明治時代における海軍最大の土木工事ともいわれる立神係船池の建設によって、1万トン級の艦艇を一度に9隻も着岸させての修理が可能だった。立神係船池北岸壁にある、大正時代に完成した250トンクレーンは今も現役だ。

1898（明治31）年には、佐世保―長崎間に鉄道が開通する。軍港都市の佐世保は、貿易港の長崎、商業都市の福岡、船舶や工廠で燃料に使われる石炭を供給する九州西部の炭鉱地帯という、近接地域との連携によって発展していった。

戦後の佐世保は、一度は商業港としての再出発をはかったものの、アメリカのアジア戦略の要衝とされ、軍港から脱皮できなかった。1950年代の朝鮮戦争、1960年代のベトナム戦争と、主戦場に海軍を派兵しやすい立地だったことも影響しているのだろう。現在も佐世保では、港内の約83％の水域は米軍の使用が優先され、日本の船舶は状況に応じて航行が制限されている。

佐世保は、日本有数のアーケード街が有名である。JR九州の佐世保駅と佐世保港が近接していることから、既存の商店街と連携し、港を再開発し、にぎわいのある港づくりを進めている。近年は、外国クルーズ船の寄港地として拠点港に指定されている。ちなみに、佐世保港にも呉港と同様に海上自衛隊の史料館があり、「セイルタワー」の愛称で親しまれている。

舞鶴《まいづる》軍港――軍港と商業港が共存した日本海側の防衛拠点

舞鶴鎮守府の設置が計画されたのは、呉、佐世保と同時期だったが、設置は両港から10年以上遅れた。建設費用には日清戦争の賠償金が充てられている。

江戸時代から舞鶴は西廻り航路の寄港地のひとつであった。海軍は早い段階から日本海側にも鎮守府を置くことを企図しており、舞鶴湾は水深がやや浅いものの、湾口が狭く防御にすぐれ、荒天を避けられる点から適地とされた。

日本海に面する舞鶴では、満州や朝鮮半島との貿易による商業の発展が期待できた。そこで、日露戦争後の1906（明治39）年、京都府と舞鶴町は商業港の開港を政府に希望した。しかし軍による港湾の使用と、それにともなう機密保持が優先され却下される。

4軍港のなかで後発の舞鶴はもっとも規模が小さく、工廠で建造される艦艇も駆逐《くちく》艦や水雷艇《すいらいてい》など小型のものだった。1922（大正11）年には、ワシントン海軍軍縮条約の締結により、鎮守府よりも小規模な「要港部」に縮小される。このため、舞鶴湾では部分的に商業港の利用が可能になり、昭和期に入ると満州からの石炭の輸入港として大きく発展した。だが、中華民国との戦争が激化した1939（昭和14）年にはふたたび鎮守府に昇格し、海軍の施設は舞鶴湾の外の栗田《くんだ》湾にまで拡張された。

戦後の舞鶴港には、海上自衛隊の地方総監部と海上保安学校が置かれ、近年では朝鮮半島有事などに備えた日本海の防衛拠点として注目度が高まりつつある。

現在は造船の港であるほか、京阪神から大陸への窓口、コンテナ拠点、北海道とのフェリー拠点としての役割を果たしている。最近は日本海沿岸を中心とする外航クルーズの寄港地としても脚光を浴びる。なお、舞鶴港には海上自衛隊内に「海軍記念館」がある。

港の戦後、港の未来──人とともに歩む

GHQが主導した「港湾法」

第二次世界大戦の敗北により、日本の港湾のありかたは大きな変化を余儀なくされた。GHQ（連合国軍最高司令官総司令部）の統治下に置かれたことで、横須賀、舞鶴、呉、佐世保の4軍港はもとより、2大貿易港であった横浜港、神戸港も接収されたのである。戦前の日本における船舶の総トン量は世界第3位であったが、戦後、すべての船舶に航行禁止命令が出され、1000GT（Gross Tonnage 総トン数）以上の船舶はアメリカ太平洋艦隊総司令官の統制下に置かれたため、海運国としての立場を失った。全船舶の自由航行が許されたのは、終戦から5年も経った1950（昭和25）年のことだ。

GHQの統治下における港湾政策のもうひとつの大きな変化として、「港湾法」の制定がある。港の管理・運営において港湾法は極めて重要だが、じつは日本にはそれまで存在していなかった。明治末から港湾法の必要性についてたびたび論議されてきたものの、税関、内務省、地方公共団体、民間など関係者が多く、調整ができずに実現しなかったの

だ。それが、GHQの指導のもと1950年に、ついに制定されることになる。

ただし港湾法は、アメリカを規範とした先進的な内容であり、港湾の管理主体を港務局とする制度を定めていた。これは欧米の「ポート・オーソリティ制度」を取り入れたものである。現在、港務局制度を取り入れているのは、新居浜港の新居浜港務局だけである。そのほかは、一部事務組合としての管理組合、県・市・町などの地方公共団体など多様である。たとえば横浜港は横浜市、東京港は東京都、名古屋港は愛知県と名古屋市からなる名古屋港管理組合、境港は鳥取県と島根県からなる境港管理組合が港湾の管理を担っている。

「所得倍増計画」と臨海工業地帯の発展

1950（昭和25）年に勃発した朝鮮戦争によって、日本の港湾政策はまた大きく変化する。戦争特需により日本経済は復興し、高度経済成長期に突入。1960（昭和35）年には池田勇人《いけだはやと》内閣が「所得倍増計画」を打ち出す。この計画の眼目は、日本を貿易立国として経済をさらに発展させ、国民の所得を2倍にするというものである。

貿易において重要なのは輸出産業の育成と、輸出のための港の整備だ。その観点から1

962（昭和37）年に「第1次全国総合開発計画（全総計画）」が策定される。港湾は産業基盤と位置づけられ、全国の沿岸部で既存の港湾の整備および新規の築港が進められると同時に、港の臨海工業地帯の開発が進められた。これにより、日本各地に貿易港、工業港が誕生し、地域間の所得格差の是正がはかられた。

加えて、同年に策定された「新産業都市建設促進法」でも臨海工業の開発に重点が置かれたことにより、日本は貿易立国として経済大国への道を歩みはじめる。臨海工業開発地帯としては、戦前に計画され、実際に戦後、掘り込み港湾と工業開発を始めた苫小牧《とまこまい》港西港、鹿島港の掘り込み港湾と周辺の工業開発が有名である。

掘り込み港湾とは、1章でも説明したように、海岸の陸地を掘り込んで造成した港のことである。なお、こうした港を拠点としての工業開発は、戦前には京浜運河での工業開発の事例があったことと、掘り込み港湾では江戸時代に野中兼山《のなかけんざん》のもとでつくられた高知県の手結《てい》港（遮断機つきの跳ね橋でも有名）が知られていることを付記しておく。

海運の物流革命「コンテナ」

戦後、大きな海運の物流革命が起こった。コンテナの普及である。荷物の大きさがバラバラなものを定型のコンテナに入れることにより、荷役の効率化を図るものである。もとは軍での輸送から発生したものといわれている。

1960年代後半からは、世界的に海上輸送はコンテナを用いた方式が主流となっていった。この時期、日本でもコンテナ専用船が寄港できる専門埠頭（外貿《がいぼう》コンテナ埠頭）の整備が喫緊《きっきん》の課題となったが、高度成長期以降、全国で活発に港湾整備が行なわれ続けてきたため、各港湾管理者の財政に余裕はなかった。

そこで、高速道路の建設を参考にし、市場から資金を調達してコンテナ埠頭を整備する公団方式が取られ、「京浜外貿埠頭公団」や「阪神外貿埠頭公団」などが設立された。公団の主導のもと、各主要港のコンテナ埠頭を計画的に整備したことで、国際的なコンテナ輸送の流れに日本も遅れることなく対応できたのである。しかしながら公団はその後の行政改革で解散。各港の「ふ頭公社」、さらには「株式会社」に継承されていった。

西暦2030年に向けて

戦後の日本は、臨海工業地帯の開発や港の整備などにより高度経済成長を成し遂げたことで三大都市圏における都市化が進み、国民の生活は豊かになった。

一方で、その反動として負の側面も出てきた。臨海工業地帯の工場からの排水や大気汚染による公害、都市からのごみなど廃棄物問題、加えて１９５９（昭和34）年の伊勢湾台風にみられた高潮や１９６４（昭和39）年の新潟地震がもたらした地盤の液状化などの災害問題である。

港湾としては、その計画段階から、開発による影響を小さくするための環境アセスメントを実施し、ごみ問題に対応するために港の中に廃棄物処分場をつくり、高潮や液状化現象の研究・対応策の研究などを行なってきた。

また、人間主体に考えたとき、本来の港は人が活動する、水際線に近いところだ。ところが戦後、港湾部に工場や物流施設などを建てたことで、水際線が人から遠のいてしまった。そうした反省から、１９８５（昭和60）年、「21世紀への港湾」という港に関する中長期政策が生まれた。その中では「物流、産業重視の港」から「緑地、環境、水際線重視の生活機能を港に加えよう」という人の観点に立った考えが中核をなしている。この考えのもと、港の中心を再開発し、緑地や商業施設を整備して、市民と港との距離をより近づけるよう取り組みが進められている。

この「21世紀への港湾」策定以降も、何度か港湾の中長期政策が策定されてきたが、現在は2030年に向けて「PORT《ポート》2030」が検討されている。

新興市場の拡大と生産拠点の南下、インバウンド客の増加、人口減少・超成熟化社会の到来と労働力不足、第4次産業革命の進展、資源獲得競争の激化と低炭素社会への移行、切迫する巨大災害、インフラの老朽化——さまざまな課題に対応し、10年先を見据え、港が果たすべき役割を政策に落とし込むのが「PORT2030」である。

港は人とともに歴史を歩んできた。そしてこれからも、港は人とともに未来をつくってゆく。

【本文中の用語解説】

上屋（うわや）
荷物の積みおろしや、一時保管に使用される場所。

運上所（うんじょうしょ）
明治時代の開港時に設置された外交事務や海運事務などが行なわれた施設。のちの税関。

開港（かいこう）
外国と貿易をするために開かれた港。日本初の開港は、箱館と下田の2港。

廻船（かいせん）
港から港へと荷物を運ぶ船。

風待ちの港（かざまちのみなと）
帆船が航行に適した風が吹くまで停泊する港。

寄港（きこう）
航行中の船が目的地の途中で港へ立ち寄ること。

係留（けいりゅう）
船をつなぎ留めておくこと。

港湾都市（こうわんとし）
船舶が航行する要所地を基盤として発展した町や都市をさす。

砂防（さぼう）
土砂災害を防ぐためにとられる対策。

栈橋（さんばし）
船舶の係留、荷物の積みおろし、人が乗降するための施設。杭をある間隔で打ち込み、その上に梁と桁を渡し、床を張った構造をしている。

浚渫（しゅんせつ）
水底の土砂などを掘り下げることで、水深を深くしたり水質を改善したりするための作業。

船舶（せんぱく）
水上を航行するすべての乗り物。

総トン数（そうとんすう）
船舶の容積を示す単位。

ターミナル
港においては、陸上と海上との輸送の結節点となる施設。コンテナターミナルや客船ターミナルなどがある。

築堤（ちくてい）
堤防を築くこと。堤防そのものをさす場合もある。

治水（ちすい）
海や川などで起こる水害や土砂災害を防ぐためにとられる対策。

中継貿易（ちゅうけいぼうえき）
外国から輸入した品物を売らずに、外国へと輸出する貿易。

付け替え（つけかえ）
川の流れを人工的に変える工事。

停泊／碇泊（ていはく）
船が碇をおろして、その場に留まること。

灯台（とうだい）
港の出入口に設置される航路標識の一種。夜間は、沿岸を航行する船舶に、灯火によって陸地との距離間を示す。

突堤（とってい）
港や河口などにおいて、陸や海や川に長く突き出している堤防。

ドック
船舶の建造や修理、または荷物の揚げおろしが行なわれる施設の総称。船渠とも呼ばれる。

荷揚げ（にあげ）
船舶に積み込まれていた積み荷を陸上に揚げること。

ハシケ
港湾や河川に停泊する大型船と陸上の間を行き来して、積み荷や人を運ぶ小型の船。

埠頭（ふとう）
船が停泊するための一連の施設と場所のこと。波止場とも呼ばれる。

船着き場（ふなつきば）
船舶が停泊したり、出航したり帰航したりする場所。

浮標（ふひょう）
海上や海中に設置され、船舶に海上での位置を示したり、暗礁や浅瀬などの位置を知らせたりする航路標識の一種。ブイとも呼ばれる。

マスト
船舶の中心線上に立てられた帆を張るための柱。帆柱とも呼ばれる。

密貿易（みつぼうえき）
法令に違反して行なわれる貿易。

【参考文献】

『港湾知識のＡＢＣ』小林義久監修、池田宗雄著（成山堂書店）
『日本の港湾政策』黒田勝彦編著（成山堂書店）
『港湾工学』港湾学術交流会編（朝倉書店）
『海と空の港大事典』日本港湾経済学会編（成山堂書店）
『港をつくる』竹内良夫（新潮選書）
『難波宮と難波津の研究』直木孝次郎（吉川弘文館）
『古代史の謎は「海路」で解ける』長野正孝（ＰＨＰ新書）
『図説 大津の歴史』大津市歴史博物館市史編さん室編（大津市）
『近江・大津になぜ都は営まれたのか』大津市歴史博物館編（大津市歴史博物館）
『近世琵琶湖水運の研究』杉江進（思文閣出版）
『湖賊の中世都市 近江国堅田』横倉譲治（誠文堂新光社）
『城と湖と近江』「琵琶湖がつくる近江の歴史」研究会編（サンライズ出版）
『湖の国の歴史を読む』渡辺誠編（新人物往来社）
『鎌倉の史跡 鎌倉叢書7巻』三浦勝男（かまくら春秋社）
『中世西日本の流通と交通』橋本久和、市村高男編（高志書院）
『金沢文庫特別展図録 中世の港湾都市六浦』神奈川県立金沢文庫（神奈川県立金沢文庫）

『日本歴史大辞典2』日本歴史大辞典編纂委員会編（河出書房新社）
『平清盛と神戸』田辺眞人編（神戸新聞総合出版センター）
『平清盛 福原の夢』高橋昌明（講談社選書メチエ）
『源平と神戸―福原遷都から800年』神戸史談会（神戸史談会）
『よみがえる中世【1】東アジアの国際都市 博多』川添昭二編（平凡社）
『博多商人 鴻臚館から現代まで』読売新聞西部本社編（海鳥社）
『堺と博多 戦国の豪商』泉澄一（創元社）
『博多 町人が育てた国際都市』武野要子（岩波新書）
『海洋国家 薩摩』徳永和喜（南方新社）
『鑑真幻影』中村明蔵（南方新社）
『鎖国と藩貿易』上原兼善（八重岳書房）
『三重県の歴史 第2版』稲本紀昭、駒田利治ほか（山川出版社）
『街道の日本史30 東海道と伊勢湾』本多隆成、酒井一編（吉川弘文館）
『長崎県の歴史 第2版』瀬野精一郎、新川登亀男ほか（山川出版社）
『下田物語 上 アメリカ総領事ハリスの着任』オリヴァー・スタットラー著、金井圓ほか訳（現代教養文庫）
『ペリー提督日本遠征記 下』M・C・ペリー、F・L・ホークス編、宮崎壽子監訳（角川ソフィア文庫）
『街道の日本史22 伊豆と黒潮の道』仲田正之編（吉川弘文館）
『静岡県の歴史 第2版』本多隆成、荒木敏夫ほか（山川出版社）

参考文献

『北前船　寄港地と交易の物語』加藤貞仁（無明舎出版）
『北前船　主な寄港地の今昔』永田信孝（長崎文献社）
『人物叢書　河村瑞賢』古田良一（吉川弘文館）
『高田屋嘉兵衛のすべて』須藤隆仙、好川之範編（新人物往来社）
『海の道、川の道』斎藤善之（山川出版社）
『ものと人間の文化史76－Ⅰ　和船Ⅰ』石井謙治（法政大学出版局）
『ものと人間の文化史76－Ⅱ　和船Ⅱ』石井謙治（法政大学出版局）
『日本史小百科　交通』荒井秀規、櫻井邦夫、佐々木虔一、佐藤美知男共編（東京堂出版）
『異様の船　洋式船導入と鎖国体制』安達裕之（平凡社選書）
『日本の内航海運』山田福太郎（成山堂書店）
『街道の日本史41　広島・福山と山陽道』頼祺一編（吉川弘文館）
『街道の日本史42　瀬戸内諸島と海の道』山口徹編（吉川弘文館）
『街道の日本史46　伊予松山と宇和島道』川岡勉、内田九州男編（吉川弘文館）
『古代の「海の道」古代瀬戸内海の国際交流』石野博信編（学生社）
『中世の港と海賊』山内譲（法政大学出版局）
『中世瀬戸内海の旅人たち』山内譲（吉川弘文館）
『ものと日本の文化史１３９　河岸（かし）』川名登（法政大学出版局）
『開国史話』加藤祐三（神奈川新聞社）

『幕末日本とフランス外交』鳴岩宗三（創元社）
『海港の政治史』稲吉晃（名古屋大学出版会）
『日本経済史3 開港と維新』梅村又次、山本有造編集（岩波書店）
『お雇い外国人 建築土木』村松貞次郎（鹿島出版会）
『お雇い外国人 明治日本の脇役たち』梅溪昇（講談社学術文庫）
『幻の野蒜築港』西脇千瀬（藤原書店）
『みなとの偉人たち』みなとの偉人研究会（ウェイツ）
『土木技術者の気概 廣井勇とその弟子たち』高橋裕（鹿島出版会）
『山に向かいて目を挙ぐ』高崎哲郎（鹿島出版会）
『九転十起 事業の鬼・浅野総一郎』出町譲（幻冬舎）
『土木技術の自立をきずいた指導者たち』かこさとし（瑞雲舎）
『日本近代技術の形成』中岡哲郎（朝日選書）
『横浜・歴史の街かど』横浜開港資料館編（神奈川新聞社）
『兵庫県の歴史』今井修平、小林基伸、元木泰雄ほか（山川出版社）
『神戸の歴史を歩く 海辺と街と山』藤井勇三（神戸新聞総合出版センター）
『神戸今昔散歩 彩色絵はがき・古地図から眺める』原島広至（中経出版）
『神戸、その光と影』大谷成章（鹿砦社）
『東京港史 第一巻 通史』東京都港湾局編（ぎょうせい）

参考文献

『地域のなかの軍隊2（関東）：軍都としての帝都』荒川章二編（吉川弘文館）
『地域のなかの軍隊4（近畿）：古都・商都の軍隊』原田敬一編（吉川弘文館）
『地域のなかの軍隊5（中国・四国）：西の軍隊と軍港都市』坂根嘉弘編（吉川弘文館）
『地域のなかの軍隊6（九州・沖縄）：大陸・南方膨張の拠点』林博史編（吉川弘文館）
『地域のなかの軍隊8（基礎知識編）：日本の軍隊を知る』荒川章二、河西英通ほか編（吉川弘文館）
『日本の戦争遺跡　保存版ガイド』戦争遺跡保存全国ネットワーク編著（平凡社新書）

切りとり線

★読者のみなさまにお願い

この本をお読みになって、どんな感想をお持ちでしょうか。祥伝社のホームページから書評をお送りいただけたら、ありがたく存じます。今後の企画の参考にさせていただきます。また、次ページの原稿用紙を切り取り、左記まで郵送していただいても結構です。

お寄せいただいた書評は、ご了解のうえ新聞・雑誌などを通じて紹介させていただくこともあります。採用の場合は、特製図書カードを差しあげます。

なお、ご記入いただいたお名前、ご住所、ご連絡先等は、書評紹介の事前了解、謝礼のお届け以外の目的で利用することはありません。また、それらの情報を6カ月を越えて保管することもありません。

〒101-8701（お手紙は郵便番号だけで届きます）
祥伝社新書編集部
電話03（3265）2310
祥伝社ホームページ　http://www.shodensha.co.jp/bookreview/

★本書の購買動機（新聞名か雑誌名、あるいは○をつけてください）

＿＿＿＿新聞の広告を見て	＿＿＿＿誌の広告を見て	＿＿＿＿新聞の書評を見て	＿＿＿＿誌の書評を見て	書店で見かけて	知人のすすめで

★100字書評……港の日本史

名前

住所

年齢

職業

吉田秀樹　よしだ・ひでき

1961年、福井県生まれ。横須賀市在住。東京大学大学院工学系修士課程修了。工学博士。運輸省（現・国土交通省）入省後、おもに港湾関係の業務に従事し、敦賀港、新潟港、北九州港などの事務所長を経験。一般財団法人みなと総合研究財団首席研究員を経て、現在、国土技術政策総合研究所部長（沿岸海洋・防災研究）。

歴史、まち歩き、近代化遺産に深い関心を寄せ、全国のみなとまちを歩く一方、ライフワークとする「海と船が見える坂道」の研究にも励んでいる。坂学会会員。

港《みなと》の日本史《にほんし》

吉田秀樹《よしだひでき》＋歴史《れきし》とみなと研究会《けんきゅうかい》

2018年３月10日　初版第１刷発行

発行者……………辻 浩明
発行所……………祥伝社しょうでんしゃ
〒101-8701　東京都千代田区神田神保町3-3
電話　03(3265)2081(販売部)
電話　03(3265)2310(編集部)
電話　03(3265)3622(業務部)
ホームページ　http://www.shodensha.co.jp/

装丁者……………盛川和洋
印刷所……………萩原印刷
製本所……………ナショナル製本

Printed in Japan ISBN978-4-396-11520-3 C0221

〈祥伝社新書〉
古代史

370
神社が語る古代12氏族の正体
神社がわかれば、古代史の謎が解ける！

歴史作家 関 裕二

415
信濃が語る古代氏族と天皇
日本の古代史の真相を解く鍵が信濃にあった。善光寺と諏訪大社の謎

関 裕二

469
天皇諡《し》号《ごう》が語る古代史の真相
天皇の死後に贈られた名・諡号から、神武《じんむ》天皇から聖武《しょうむ》天皇に至る通史を復元

関 裕二 監修

456
古代倭王の正体
海を越えてきた覇者たちの興亡

邪馬台国《やまたいこく》の実態、そして倭国の実像と興亡を明らかにする

古代史研究家 小林惠《やす》子《こ》

525
聖徳太子の真相
倭王・聖徳太子は、なぜ天皇として歴史に残されなかったのか

小林惠子

〈祥伝社新書〉
幕末・維新史

143
幕末志士の「政治力」
国家救済のヒントを探る
篤姫《あつひめ》、坂本龍馬、西郷隆盛、新選組、幕府——それぞれの政治力から学ぶ
作家・政治史研究家 瀧澤《たきざわ》 中《あたる》

173
知られざる「吉田松陰伝」
『宝島』のスティーブンスンがなぜ？
イギリスの文豪はいかにして松陰を知り、どこに惹《ひ》かれたのか？
作家 よしだみどり

038
龍馬の金策日記
維新の資金をいかにつくったか
革命には金が要《い》るが、浪人に金はなし。龍馬の資金づくりの謎を追う
歴史研究家 竹下倫一《ともかず》

296
第十六代 徳川家達《いえさと》
その後の徳川家と近代日本
貴族院議長を30年間つとめた、知られざる「お殿様」の生涯
歴史民俗博物館教授 樋口雄彦《たけひこ》

522
お殿様、外交官になる
明治政府のサプライズ人事
なぜ彼らが抜擢《ばってき》されたのか。教科書には書かれていない日本外交史
歴史研究家 熊田忠雄

〈祥伝社新書〉
近代史

377
条約で読む日本の近現代史
日米和親条約から日中友好条約まで、23の条約・同盟を再検証する
自由主義史観研究会 編著
藤岡信勝

411
大日本帝国の経済戦略
明治の日本は超高度成長だった。極東の小国を強国に押し上げた財政改革とは
ノンフィクション作家
武田知弘

472
帝国議会と日本人 なぜ、戦争を止められなかったのか
帝国議会議事録から歴史的事件・事象を抽出し、分析。戦前と戦後の奇妙な一致！
歴史研究家
小島英俊

357
物語 財閥の歴史
三井、三菱、住友をはじめとする現代日本経済のルーツを、ストーリーで読み解く
ノンフィクション作家
中野 明

448
東京大学第二工学部 なぜ、9年間で消えたのか
「戦犯学部」と呼ばれながらも、多くの経営者を輩出した〝幻の学部〟の実態
中野 明

〈祥伝社新書〉
歴史に学ぶ

366
はじめて読む人のローマ史1200年
建国から西ローマ帝国の滅亡まで、この1冊でわかる！
早稲田大学特任教授
本村凌二

463
ローマ帝国 人物列伝
賢帝、愚帝、医学者、宗教家など32人の生涯でたどるローマ史1200年
本村凌二

361
国家とエネルギーと戦争
日本はふたたび道を誤るのか。深い洞察から書かれた、警世の書
上智大学名誉教授
渡部昇一

379
国家の盛衰 3000年の歴史に学ぶ
覇権国家の興隆と衰退から、国家が生き残るための教訓を導き出す！
渡部昇一
本村凌二

351
英国人記者が見た連合国戦勝史観の虚妄
滞日50年のジャーナリストは、なぜ歴史観を変えたのか？ 画期的な戦後論の誕生！
ジャーナリスト
ヘンリー・S・ストークス